3농혁신

더 좋은 변화와 공생의 패러다임

3농혁신

더 좋은 변화와 공생의 패러다임

지은이 허승욱

초판 1쇄 발행 2015년 3월 20일

펴낸곳 도서출판 따비
펴낸이 박성경
편 집 신수진
디자인 이수정

출판등록 2009년 5월 4일 제313-2010-256호
주소 서울시 마포구 월드컵로 28길 6(성산동, 3층)
전화 02-326-3897
팩스 02-337-3897
메일 tabibooks@hotmail.com
인쇄·제본 영신사

ISBN 978-89-987439-14-9 93300

이 도서의 국립중앙도서관 출판예정도서목록(CIP)은 서지정보유통지원시스템
홈페이지(http://seoji.nl.go.kr)와 국가자료공동목록시스템(http://www.nl.go.kr/kolisnet)에서
이용하실 수 있습니다.(CIP제어번호: CIP2015007534)

값 14,000원

3農혁신

더 좋은 변화와 공생의 패러다임

허승욱 지음

2010년 그 겨울은 무던히도 눈이 많이 내렸다. 그날도 무릎까지 빠질 정도의 눈 때문에 도로는 이미 아수라장이었다. 한 시간은 걸려야 십 분 거리를 겨우 갈 수 있었다. 하필 왜 오늘 같은 날 만나기로 했을까 투덜거리며 길을 나섰다. 약속도 지켜지기 쉽지 않아 보였다. 천안에 있는 나야 걸어서라도 갈 수 있지만, 대전에서 오는 길은 도저히 불가능해 보였다. 그래도 약속이니 기다릴 수밖에……. 그런 마음을 아는지 모르는지 눈은 하염없이 아랑곳없다. 그런데 얼마나 지났을까? 그 눈길을, 발이 푹푹 빠지는 그 눈길을 헤치며 저 멀리서 안희정 지사가 오고 있었다.

그만큼 시간은 금쪽같았고 상황은 절박했다. 우리 농어민이 행복하게 업業을 이어가고 제대로 살 만한 곳을 만들어보자 했다.

그리고 다함께 머리와 가슴을 맞대보자 했다. 사람과 지역을 중심으로 농정의 틀을 다듬고, 새로이 해보자 했다. 그렇게 또 3농혁신이 시작되었다.

어느덧 2015년이다.

나는 지난 몇 년 동안 3농(농어업·농어촌·농어민)을 대하는 대한민국의 무관심에 절망하기도 했지만, 알프스마을에서 희망을 보았고, 새샘초등학교 아이들의 눈에서 미래를 보았다. 들을 지나 산에서, 그리고 서해에서 정직한 땀방울을 흘리는 농어민들로부터 삶의 가치를 확인하는 몇 년이기도 했다. 그렇게 얻은 경험과 깨달음을 잘 정리하고 구조화해내는 일이 내게 주어진 숙제라고 생각했다. 이 책은 3농혁신에 대한 농어민들과의 오랜 대화로 빚어낸 것이며 오래된 미래를 향한 여정의 기록이라 할 수 있다.

이 책은 모두 4장으로 구성되었다. 1장에서는 왜 3농, 3농 하는지, 그렇다면 농어업, 농어촌, 농어민이 어떤 존재인지, 그리고 우리가 지향해야 할 제대로 된 정책의 틀은 무엇인지 정리하였다. 따뜻한 공생의 패러다임이 왜 필요하며, 3농이 대한민국의 미래를 어떻게 담보할 수밖에 없는지 문제를 제기한다. 2장에서는 누구나 알아야 하는 공익적 기능, 식량 안보처럼 돈으로 살 수 없는 3농의 가치를 따져본다. 이렇게 무한한 가치에도 불구하고 3농이 직면한 현실은 참담하기만 하다. 무엇이 문제인지 그리고 변화의 필요성과 방향은 어떻게 잡아나가야 하는지 살펴보았다. 3장에서는 대한민국의 지속가능한 미래를 위해 충청남도에서 던지는 담론, 3농혁신의 계획 수립과 추진 과정을 정리하였다. 국민의 3농, 국민이 지키는 3농만이 궁극의 방향임을 강조하고자 한다. 4장은 우리가 만들어가야 할 미래에 관한 이야기다. 나는 3농의 미래가 이미 우리 안에서 건강하게 잉태되고 있음을 보았다. 극히 일부에 불과하지만, 우리들의 마을과 사람 이야기 몇 가지를 간추렸다. 그리고 마치는 글에서는 지난 3농혁신을 평가해보고 앞으로 가야 할 몇 가지 방향으로 갈무리하였다.

그동안《한국농어민신문》을 비롯한 여러 매체에 기고했던 글이 좋은 뼈대가 되었다. 언젠가는 책으로 묶어보겠다고 써왔던 것이 그나마 수고를 덜어주었다. 3농혁신이라는 말 자체가 어려운 만큼 가급적 쉽게 쓰고자, 지우고 쓰기를 반복했다. 형식과 먹물의 기름기를 빼고 독자의 눈높이에 맞추고자 했는데도 쉽게 읽히지 못한다면 그것은 전적으로 나의 부족함 때문이다. 좋은 글은 오랫동안의 잔상과 여운을 남긴다. 불 끄고 얼른 자라는 엄마의 꾸지람도 뒤로하고 밤을 꼬박 새우며 읽었던 그 책들은 지금도 내 가슴을 뜨겁게 한다. 그래서 이 책의 부담도 그만큼이다.

사실 이 책은 이미 1년 전에 나왔어야 했다. 게으름과 별별 핑계로 시간만 흘려보냈다. 자칫 어물거리다가는 또 내년 이맘때일 듯싶어 부족한 대로 마침표를 찍기로 한다. 누군가 읽고 싶었다던 엄청난 책들로 세상을 일구고 있는 '도서출판 따비'의 박성경 대표에게 큰 감사를 드린다. 하염없이 부족한 부분은 독자들의 아량과 현명함으로 채워 읽어주시기를 바라며, 이 책이 우리의 농農을 얼싸안는 데 조금의 도움이라도 되었음 하는 마음으로 '3농혁신'을 시작한다.

2015년 3월

내포에서 허승욱

1

왜 3농인가

3농은 농어업, 농어촌, 농어민을 하나로 줄여 부르는 말이다.

그 말도 뜻도 다른 셋이지만, 칡넝쿨처럼 밀접히 연관되어 있어서 어느 하나라도 빼면 존립 자체가 불가능하다. 농어업 없는 농어촌과 농어민이 있을 수 없고, 농어민 없는 농어업과 농어촌은 상상조차 할 수 없기 때문이다.

농어업은 업業이라는 말 그대로 일이나 직업을 뜻하니 산업적인 측면을 일컫는 말이며, 농어촌村은 마을, 곧 사는 지역이나 공간을 뜻하는 말이다. 그리고 당연히 농어민民은 농어업을 하며 농어촌에 사는 사람을 가리킨다.

정책이라는 측면에서 볼 때 대부분 '농어업 정책'이라는 말로 뭉뚱그려 통용되지만, 사실 농어업은 산업 측면의 정책, 농어촌은 지역이나 공간 관련한 정책, 농어민은 사람 관련한 정책으로 추진되었다. 정책 하나하나의 구체적인 내용과 수단이 서로 같을 수는 없겠지만, 큰 목표는 농어업, 농어촌, 농어민의 행복과 발전이라는 대전제 속에서 진행된다.

그런데 전문화와 효율성을 이유로 세분화와 업무 분장이라는 높은 벽이 이를 가로막아왔다. 과 단위, 부서 중심의 정책 추진 방식이 대표적인 예이다. 일을 나누고(분업), 전문화하니 부분의 효율성은 상당히 높아지지만, 전체를 하나로 묶어 융복합 효과까지 극대화하지 못했다는 아쉬움이 컸다. 각개 전투는 나무랄 데 없이 잘하는데 전쟁에서는 판판히 깨지는 꼴이나 마찬가지다. 잘해보자고 모여 만든 제도와 정책인데 따로국밥이 되어서야 되겠는가.

3농을 하나로 묶어 부르는 것은 농어업이라는 산업, 농어촌이라는 공간, 농어민이라는 사람의 문제를 하나의 틀로 보고, 정책적 융복합을 극대화하자는 의미를 함축한 것이다.

사람을
행복하게 하는
농어업

농업. 국어사전에서 찾아보면 이렇게 나온다. "땅을 이용하여 인간 생활에 필요한 식물을 가꾸거나 유용한 동물을 기르거나 하는 산업, 또는 그런 직업, 특히 농경을 가리키는 경우가 많고, 넓은 뜻으로는 낙농업과 임업 따위도 포함한다." 조금 더 구체적으로 〈농어업·농어촌 및 식품산업 기본법〉 제3조 1호에는 "농작물 재배업, 축산업, 임업 및 이들과 관련된 산업으로 대통령령으로 정하는 것"으로 규정하고 있는데, 여기서 농작물 재배업은 식량·채소·과실·화훼·특용·약용·버섯 작물 재배, 양잠업 및 종자·묘목 재배업(임업용 종자·묘목 재배업은 제외)이다. 그리고 축산업은 수생동물을 제외한 사육업·증식업·

부화업 및 종축업을 말한다. 임업은 육림업(자연 휴양림·자연 수목원의 조성·관리·운영업을 포함), 임산물 생산·채취업 및 임업용 종자·묘목 재배업이다. 이러한 사전적, 법률적 정의만으로 농업의 모든 것을 설명할 수 있을까?

인류는 대략 200만 년 전에 출현하였고 약 1만 년 전에 농업이 발전되면서 신석기 혁명이 시작되었으니 농업은 인류의 역사나 다름없고, 먹는 문제를 빼놓고 인류의 발전 또는 이야기할 수 없다. 그런데 처음의 농업을 생각해보면, 과연 어떤 것이 맞는지 모를 정도로 지금의 농업과 달라도 참 달랐다. 농업은 '자연의 모든 것'에 의존해 이루어지는 행위인데, 언제부터인가 '인간의 모든 것'을 위해 이루어지는 행위로 탈바꿈되었다. 이는 인간의 성장에 대한 끝없는 탐욕의 결과이며, 수천 년 지속되었던 진짜 농업의 틀을 최근 들어 급속히 붕괴시키고 있다.

우리는 왜 "농업이 온 세상의 근본農者天下之大本"이라 했을까? 수만 개 부품으로 이루어진 자동차를 생각해보자. 아무리 보잘것없는 부품 하나라도 없으면 달릴 수 없듯이, 쌀 한 톨이 생산되려면 땅과 햇빛과 물 그리고 땀방울 같은 수많은 요소가 결합되어야 한다. 이처럼 농업 시스템은 농작물 생산이나 가축 사육을 중심으로 흙, 기후, 생물, 농자재, 에너지 등의 생산 요소로 구성되며, 이들 사이에는 아주 복잡하게 상호작용하는 물질과 에너지의 순환이 이루어진다. 농업은 본질적으로 주어진 자연 조건에 따라 돌고 도는 순환의 원리에 기초한 것이다. 하지만 농업 시스템 외부로부터 비료, 농약, 사료 등의 투입이 증가하기 시작하였으며, 이 오랜 순환 시스템은 금이 가기 시작했다.

  우리 조상이 행했던 농업은 지역 내에 존재하는 다양한 부산물을 재활용하고 땅과 기후에 의존하는 생산 시스템이었다. 그러나 현대 농업은 생산량 위주의 고투입에 의존해 토양 및 수질 오염 같은 농업 환경의 악화에 직면하게 되었다. 또한, 전통적으로 논밭을 갈고 씨를 뿌리는 경종耕種과 함께하던 가축 사육이 농업에서 분리되었다. 이에 따른 에너지 투입과 축산 폐기물 증가 등으로 높은 사회적 환경 비용이 발생하고 있는 것이 현실이다. 그 결과, 이제 농업 시스템은 자연의 생태 시스템에 의존하는 선순환 구조에서 오히려 자연 환경에 대한 의존성을 최소화할수록 첨단이 되는 시대로 돌변하고 말았다. 순환이 단절된 구조 말이다. 우리나라의 축산은 고기에 대한 필요보다는 경종 농업의 한 축이자 흙을 기름지게 하려는 역할이 컸다는 점을 상기하자.
  순환이 단절된 농업 시스템은 농업 생산 과정의 부산물이 자정 능력을 초과하여 대량으로 발생하기에 환경 오염원으로 작용하며 당연히 생태계에 부정적인 영향을 끼친다. 이러한 오늘날의 농업 시스템은 몇 가지 특징을 가지고 있다.
  우선, 작물 재배 및 수확에 필요한 에너지가 농업 시스템 외부에서 투입된 결과, 생체량의 축적으로 저장되는 에너지보다 투입되는 보조 에너지가 훨씬 많아 농업 생태계의 지속성이 낮아

진짜 농어업은 사람을 행복하게 하는 농어업이다.
사람이 행복하려면, 엇나가기만 했던
우리 시대의 단절을 하나로 이어내야만 하며,
오랫동안 그렇게 지속할 수 있어야 한다.

진다. 둘째, 농업 시스템 내에서의 물질 순환은 대부분 줄어들고, 작물 생산을 통해 대부분의 영양 물질이 외부로 유출되는 흐름 구조를 형성하고 있다. 셋째, 높은 생산성을 유지하려고 작물이나 가축의 영양 단계를 줄여서 생물 다양성과 영양 구조가 단순해지게 된다. 넷째, 가축을 생산하는 동안에는 일정한 균형을 유지하지만 수확 후에는 균형이 파괴되므로 인간의 노동력과 보조 에너지의 투입으로 안정성을 유지한다.

결론적으로, 오늘날의 농업 시스템은 자연의 순환 원리에 반하여 외부의 화석 연료, 농약, 비료 등을 고도로 투입하는 데 크게 의존하고 있다. 이는 기후 변화 등의 환경 문제를 야기하고, 이로 인한 생태계 파괴는 농업 생산 기반의 지속가능성을 위축시키는 부정적 순환고리를 형성한다. 석유 없이 농사를 지을 수 없는 한편 옥수수로 자동차가 달리는 세상이 되었고, 전 세계적으로 화석 연료를 많이 사용하다 보니 지구 온난화가 심각해지며, 지역에서는 태풍과 한파로 인한 피해가 잦아지고 있는 것이 오늘날 우리가 마주한 불편한 진실이다.

　진짜 농어업은 사람을 행복하게 하는 농어업이다. 사람이 행복하려면, 엇나가기만 했던 우리 시대의 단절을 하나로 이어내야만 하며, 오랫동안 그렇게 지속할 수 있어야 한다. 진짜 농어민이 하는 진짜 농어업을 만들어가려는 사고의 대전환이 진정 절실한 때이다.

우리 마을의 삶을 담는 농어촌

어느 학생에게 물었다. 농촌이 뭐냐고. 그 학생은 논밭이 많은 곳, 벼나 돼지를 키우는 시골이 농촌이라 답했다. 그럼, 농촌과 도시는 뭐가 다르냐고 물었다. 농사를 많이 하니까 농산물을 저장하는 창고 같은 것이 많고, 도시보다는 공기가 좋지만 '농촌' 하면 쇠똥 냄새가 가장 먼저 떠오른단다. 요즘 아이들이 하는 말로 "헐~"이었다. 그러나 이내 "당연히 그렇게밖에 농촌을 이해할 수 없었겠지."라며 농촌에 대한 내 생각을 한참동안 읊조렸다. 그 학생은 그제서야 이해된다고 연신 고갯짓 하지만, 어째 표정은 떨떠름하다.

과연 농어촌을 어떻게 정의해야 제대로 지금의 모습을 담아낼 수 있을까? 〈농어업·농어촌 및 식품산업 기본법〉 제3조 제5호에서는 농어촌 지역을 "읍·면의 지역과 이외의 지역 중 그 지역의 농어업, 농어업 관련 산업, 농어업 인구 및 생활 여건 등을 고려하여 농림수산식품부 장관이 고시하는 지역"으로 정의하고 있다. 법적으로만 본다면, 농어촌은 농어업, 그리고 농어업과 관련된 산업이 이루어지는 지역으로 사람보다는 '업業'에 초점을 두고 있다. 이 때문에 '농촌' 하면, RPC(미곡종합처리장)나 축사 같은 것밖에 연상되지 않으며, 농촌을 단지 식량 생산 공장 정도로 인식하는 무식의 소치를 양산하게 된 것이다. 그렇다고 법적 정의만 탓할 수 있을까? 우리 사회의 보편적 인식 수준 자체가 농어촌이 자연과 더불어 경제와 문화가 어우러지는 곳이라는 생각에 앞서 그저 쌀 공장 정도로 전락한 것은 우리 스스로가 방치한 결과가 아닐까?

나는 '농어촌' 하면 풍요로움이라는 말이 가장 먼저 떠오른다. 자연과 먹거리도 풍요롭지만, 무엇보다 문화와 정서가 풍요로운 곳이다. 할매들이 정성스레 담가놓았을 간장, 된장이며, 한겨울 가지 끝에 매달린 홍시도 생각난다. 봄이면 가재 잡느라 한나절을 뒤지고 다녔을 시냇가도 있고, 몇 백 년도 넘었을 듯한 노거수 아래서 논일을 잠시 접은 할배들이 한 땀 식히고 있을 그 넓은 그늘도 생각난다. 그리고 농어촌은 가르친다. 병아리를 품은 어미 닭이 너구리와 마주했을 때 죽기 살기로 싸우는 것을 보며 아이들은 가족과 효를 배운다. 농어촌은 자연이 선물한 풍요의 학교이다. 그런데 이 선물을 내팽개쳐둔 지 너무 오래이다. 농어촌을 단순히 산업적으로, 경계 영역으로만 보아서는 농어촌이 가지고 있는 이러한 다양한 가치를 담아낼 수 없다. 또한, 고향이라는 이미지가 주는 보수적인 상상력만으로는 지금의 농어촌 정도를 유지하는 것이 최선이라는 편협함에서 벗어날 수 없다.

농어촌에 대한 이해는 농어촌이라는 특정한 공간보다 우선하는 '지역'에 대한 인식의 재정립(박진도, 2011)에서 출발할 필요가 있다.

우선, 지역은 자연·경제·문화의 복합체이다. 지역은 인간이 서로 협동하여 자연에 작용하고, 자연의 일원으로서 인간답게 살아가는 장, 생활의 기본 영역으로서 인간 발달, 자기 실현, 문화 계승, 창조 공간이다. 둘째, 지역은 독자성을 갖는 개성적 존재이다. 지역은 자연, 환경, 경관뿐만 아니라 문화와 삶의 방식에서 독자성과 개성을 지니고 있다. 지역의 매력은 독자적이지만 한편으로 항상 변화하는 존재이다. 따라서 지속과 변화의 균형이 중요하다. 셋째, 지역은 주민의 자율적이고 주체적인 자치 단위이다. 따라서 지방 분권과 주민 참여를 토대로 한 지방자치를 확립해야 한다. 지역의 범위는 불변하지 않으며 생산력의 발전, 교통과 통신 수단의 발전, 주민의 자치 역량 향상 등에 따라 확대될 수 있지만, 주민이 공동의 이해를 갖고 귀속 의식을 공유하며 지역 경영에 적극적으로 참여할 수 있는 크기여야 한다. 넷째, 지역은 개

내가 사는 마을을 깨끗하게 만드는 일부터 시작하는 것이
농촌다움을 되찾는 지름길이다.
마을은 내 삶터이고, 일터이며, 쉼터이기 때문이다.
누가 대신 만들어주지도 않는다.

별적인 존재이고 지역 간 교류와 연대가 필요하다. 지역 스스로
의 자립과 지역 간 연대를 기초로 지역의 결합체로서 국토 경영
이 이루어져야 한다. 다섯째, 지역은 중층적 존재이다. 국토를 하
나의 독자적인 공간이 아니라 지역 간 연대와 결합한 토대로 한
중층적 지역 시스템으로 이해할 필요가 있다. 구성원의 기본적인
생활권으로서 지역 경영이 있고, 이러한 지역 간 조정 시스템으
로서 광역 경영과 국토 경영이 존재하며, 국제적인 조정 종합 시
스템으로서 국제적 지역 경영과 지구 경영이 존재하는 것이다.
여섯째, 지역은 전국적, 국제적, 세계적 존재이다. 지역은 국가나
세계와 유기적인 관련을 맺는 구성 부분이므로 지구적 차원에서
생각하고 지역적 차원에서 행동해야 한다. 지역의 재생과 활성화
로부터 출발하여 국가 사회, 국제 사회, 지구 사회의 재생을 전망
할 필요가 있다.

농어촌은 생산 활동만 이루어지는 공간이 아니라 생활 공간

'삶터', 경제 활동 공간 '일터', 환경 및 경관 공간 '쉼터'라는 다양한 가치를 가지고 있다. 이러한 다양성의 가치를 지켜내려면 농어촌을 소비하는 사람들의 생각을 가장 먼저 풀어야 하며, 농어촌 지키기에 전 국민적 동의가 전제되어야 한다는 점은 아무리 강조해도 지나치지 않다.

농어촌에 대한 국민적 인식의 전환, 그것은 그냥 주어지는 것일 수 없다. 무엇보다 농어촌의 주인이자 이 땅의 지배자인 농어민의 변화가 우선되어야 한다. '페인트가 저 색깔밖에 없나?' 생각이 들 정도로 분홍색과 파란색 지붕 일색인 우리네 마을, 잠시 동안은 고향의 냄새로 여겨지다 이내 고약해지는 소똥, 돼지똥 냄새, 마을 어귀 성황당이 무색하게 전봇대에 걸려 나부끼는 비닐들, 마을 한쪽에서 녹슬고 있는 경운기와 이리저리 나뒹구는 농약병…… 이것이 우리의 농어촌 풍경이어서야 되겠는가. 얼마 전 도시에 사는 어떤 이의 이야기가 귀에 꽂힌다. "나는 농촌만 가면, 어디가 어딘지 도대체 모르겠어요. 다 똑같아서 말이죠!" 우리 농어촌이 얼마나 농어촌답지 못했으면, 얼마나 개성이 없었으면 저리 말했을까…… 농어촌을 우리 스스로 닭 공장, 쌀 공장으로 전락시켜서는 안 된다.

농어촌은 마을이다. 충남에만도 4,500여 개의 마을이 있다. 내가 사는 마을을 깨끗하게 만드는 일부터 시작하는 것이 농촌다움을 되찾는 지름길이다. 마을은 내 삶터이고, 일터이며, 쉼터이기 때문이다. 누가 대신 만들어주지도 않는다.

무엇부터 해야 할까? 부여에 귀농하신 어떤 분의 이야기는 우리가 따라 배울 귀감이자 출발점이다. 누가 시키지도 않았는데 마을 하천을 청소하고, 여기저기 내걸려 있던 비닐을 걷어내고, 마을 입구에 꽃도 심었단다. 그것도 3년 넘게 쉬지 않고 했단다. 그랬더니 한 분 두 분 같이하는 분들이 생기고, 마을이 아름다워지니 도시 사람들도 찾아왔단다.

작은 일을 잘해야 큰일도 잘하는 법이다. 그리고 모든 일은 나로부터 시작된다. 지금 당장 우리 마을을 둘러보고 내가 해야 할 작은 일을 찾아보자. 그렇게 진짜 마을을, 우리 마을의 삶을 담은 농어촌을 다시 찾을 수 있지 않을까?

먹거리와
환경을 지키는
농어민

　우리는 늘 이야기한다. 농어업 정책은 농민과 어민의 문제이며, 이 문제를 풀어가는 주인 역시 농어민이라고. 당연하다. 결국 모든 문제의 꼭짓점은 사람의 문제로 귀결되기 때문이다. 그렇다면 누가 농어민인가? 진짜 농어민 말이다.

　농어민은 말 그대로 농업이나 어업을 생업으로 삼는 사람이다. 예전에는 농민, 어민이라 부르다가, 사회적 지위를 보다 높게 한다는 뜻에서 전문직업인 냄새가 나도록 농업인, 어업인이라고 호칭도 바뀐 지 오래이다. 간호원을 간호사로, 청소부를 환경미화원으로 칭하는 흐름과 같다. 물론 그 취지는 백 퍼센트 공감하지만, 실제 알맹이는 그렇지 않은데 그냥 듣기 좋으라고 하는 말

같아 비호감이 느껴지기도 한다. 농민이든 농사꾼이든 말 한마디 바꾸는 일보다 땅을 일구고 지키는 사람이 진정 존경받는 사회적 풍토를 만들어나가는 것이 더 중요하지 않을까 하는 생각 때문이다.

법적으로 농업인이란 농업 등에 종사하는 개인을 말한다. 농지법에서는 다음 중 어느 하나에 해당되면 농업인이라고 정하고 있다. ① 1,000m² 이상의 농지에서 농작물 또는 다년생 식물을 경작 또는 재배하거나 1년 중 90일 이상 농업에 종사하는 사람 ② 농지에 330m² 이상의 고정식 온실, 버섯 재배사, 비닐하우스 등 농업 생산에 필요한 시설을 설치하여 농작물 또는 다년생 식물을 경작 또는 재배하는 사람 ③ 대가축 2두, 중가축 10두, 소가축 100두, 가금 1,000수 또는 꿀벌 10군 이상을 사육하거나 1년 중 120일 이상 축산업에 종사하는 사람 ④ 농업 경영으로 농산물의 연간 판매액이 120만 원 이상인 사람.

그리고 여성 농업인은 농업 취업을 전제로 한 개념으로, 흔히 말하는 농촌 여성, 농가 여성과는 구별된다. 농촌 여성은 통합시를 포함한 읍, 면 지역에 거주하는 여성이며 농가 여성은 농가의 가구에 속하는 여성을 뜻한다. 농촌 여성에는 농가 여성과 비농가 여성이 모두 포함되며 농가 여성에는 여성 농업인 말고도 농가에 속하면서 농림업에 취업하지 않은 여성, 즉 농어업 이외 부분 취업 여성과 비취업 여성이 포함된다. 또한, 여성 농업인에는 비농가에 속한 여성 농업 취업자도 포함된다.

농어촌은 우리의 전통과 장맛을 지키고
이어주는 보물창고이다.
이곳에 사는 사람이 농어민이며,
묵묵히 돈 안 되는 장사를 하고 있는 사람이
진짜 농어민이다.

이렇게 법적 조항 몇 가지로만 농어민을 정의하는 것은 정말 기계적인 구분이다. "취미 삼아 도시 텃밭에서 고추를 재배해 200만 원 정도의 부수입을 얻은 사람"을 농업인이라 할 수 있을까? 아파트 베란다에서 상추 키워 먹는 이를 농업인이라 하지 않듯이 농산물을 생산한다고 해서 모두 농업인이라 할 수는 없다. 이들은 농산물 생산으로 생계를 이어가는 사람이 아니기 때문이다.

그렇다면, 돼지똥 냄새 온 마을에 풍기며 마을 초입에서 몇천 두를 키우는 사람은 농업인일까? 어찌어찌 만든 농지원부가 있다고 모두 농업인일까? 법적으로야 그들은 모두 농업인이다. 농지는 많은데 농사를 직접 짓지 않는 사람은 농업인일까? 아닐까? 당연히 농업인이 아니다. 땅만 갖고 있다고 해서 농업인이라면 부재지주 서울분들 모두 농업인이기 때문이다.

우리 농어민이 걸머진 사회적 역할과 책임은 맛있고 몸에 좋은 최고의 먹거리를 생산하는 것이며, 이를 통해 자신의 생계를 유지하는 사람이 농어민이다. 그런데 농가 전체 소득에서 농업만으로 얻은 소득은 겨우 3분의 1 정도에 불과하다. 농사 지어봐야 남는 것은 없고, 느는 것은 빚이다. 그렇다고 평생 해오던 일을 하루아침에 접을 수도 없으니 공공 근로나 식당 서빙 자리를 찾아 나설 수밖에 없는 것이 현실이다.

농어민은 농어촌과 환경을 지키는 파수꾼이다. 도시의 베란다가 농어촌이 아니듯이, 농어촌 곳곳을 갈고 다니는 수집상을 농어민이라 하지 않는 것은 그들이 농어촌에 살고 있지 않기 때문이다. 농어촌이라는 공간은 농어업과 관련한 사회·문화·경제가 날줄과 씨줄처럼 하나로 엮이는 곳이다. 농어촌이라는 지역은 단순히 생활과 산업 공간이 아니라 우리의 전통과 장맛을 지키고 이어주는 보물창고이다. 이곳에 사는 사람이 농어민이며, 묵묵히 돈 안 되는 장사를 하고 있는 사람이 진짜 농어민이다.

그러고 보니, 농어민은 도시민이 할 수 없는 많은 역할을 도맡아 하고 있다. 농어민 되기가 그렇게 어려워서 어떻게 하겠느냐 할지도 모르겠지만, 이것은 국민 모두의 노력으로 이들을 지켜야 한다는 당위의 출발이기도 하다. 경영 규모와 농업 소득이 적은 가구를 경쟁력과 규모의 논리로만 볼 것이 아니라 농업 소득을 제대로 지지하는 방향으로 논의가 이루어져야 한다. 진짜 농어민, 누가 지켜야 할까.

모두를
살리는
3농 정책

　　"이별이 너무 길다. 슬픔이 너무 길다. 선 채로 기다리기엔 세월이 너무 길다……" 〈직녀에게〉의 노랫말이 참 좋아서 별 이유도 없이 흥얼거리고는 한다. 허나 이 노래가 좋은 진짜 이유는 견우와 직녀처럼 긴 이별의 시대를 살고 있는 우리 농어업과 농어촌을 이야기하는 듯해서이다. 이별이란 맺은 관계를 끊고 따로 갈라서는 사람 간의 관계를 이야기하는 것이니 자연의 순리에 따라 돌고 도는 농어업에 어찌 적용할 수 있겠느냐만, 모든 존재하는 것은 수없는 관계 속에 있으니 이 또한 다르지 않다. 관계가 없다면 존재하지 않는 것이다.

　　오늘을 사는 우리는 수많은 이별과 너무나 익숙하게 지내고 있다. 아니, 너무 익숙해져서 서로 이별해 살고 있는지 알지 못하는 경우도 많다. 경종과 축산이 그렇고 도시와 농어촌도 그렇다. 산지와 소비지가 그렇고 바다와 육지가 등을 맞대고 이별한 채 따로국밥인 지 오래다. 허나 이별이란 원래 하나였던 것이 떨어진 것이니 통합을 전제로 한다. 문제는 농어업에서 통합이라는 진보적 가치를 이야기하려면 이별에 대한 논의와 반성이 선행되어야 하는데 아무도 그렇게 하지 않았고, 그렇게 하려고도 않는다는 사실이다. 조류독감AI의 본질적인 문제 해결은 뒤로하고 방역 초소 세우기에 급급한 것이 오늘날의 농정이다. 피타고라스 정리만 잘 가르친다고 해서 훌륭한 선생님이 아닌 것이다.

축산의 축畜이란 본디 밭田을 검게玄, 다시 말해 기름지게 만든다는 뜻이다. 그렇게 우리는 논과 밭, 가축이 서로 부족한 부분을 채우며 의존하는 농업을 수천 년 지속해왔다. 그러나 급증하는 식품 수요는 비료, 농약, 항생제 같은 비농업적이며 인공적인 투입물에 의존할 수밖에 없는 구조를 고착시켰다. 사실 공업과 농어업이 분간 안 되고, 공장과 농장이 또한 그렇다. 축산과 경종이 서로 딴살림을 하고 있으니, 가축 분뇨는 논밭의 소중한 자원이 아니라 엄청난 비용을 들여 처리해야 하는 폐기물이 되어버렸다. 땅을 비옥하게 만드는 것은 둘째 치고, 악취로 민원이 접수되기 일쑤이며, 동네 경관도 한 방에 보내버리는 골칫덩어리가 되고 만 것이다. 어르신들이 그러신다. "예전엔 학교서 똥이 마려

우면, 죽기 살기로 달려가 내 밭에 가서 누웠어!"

경종과 축산만이 둘로 나뉜 것이 아니다. 계열화integration는 효율적 생산 방식이라는 탈을 쓴 채 농어업과 그 생산의 주인인 농어민을 구경꾼으로 만들어버렸다. 그저 알려주는 대로 먹이고 처방하면 끝나는 공장의 근로자나 다름 아니게 되었다. 우리 모두 행복하자고 한 것인데 진짜 농어민은 온데간데없고 기업 자본 앞에 무릎 꿇고 있다. 불과 20년도 안 되었다. 〈응답하라 1994〉라는 드라마에 백화점에서 멜론을 사는 장면이 나오는데, 정말 우리가 백화점에서 과일을 사고, 마트에서 배추를 사게 될 줄 누가 알았겠는가? 우리 농어업이 기업과 대형마트 없이는 이야기가 되지 않는 이 현실 또한 어떻게 이해해야 할지 모르겠다. 다만, 소비자가 배추 한 포기를 세제나 휴지 같은 여느 공산품과 다름없이 데면데면하게 카트에 담는 장면을 상상해보니 이별도 보통 이별이 아니다.

진짜 농정은 이렇게 따로따로 떨어져버린 것을 하나로 묶어내는 통합이 기본이다. 농정이란 그 개념만큼 다양한 범위와 내용을 포함하지만, 결국 농어업·농어촌·농어민이 삼각뿔의 꼭짓점에서 만날 수 있도록 물꼬를 잘 내는 일이 아닐까 한다. 말처럼 쉽지는 않을 것이다. 헤어지게 된 데는 인간의 이기심에 바탕을 둔 성장 논리가 정중앙에 포진하고 있기 때문이다. 진정성 있는 논의가 뒷받침되지 않으면 안 되며, 멀리 보고 꾸준히 가야 한다.

충남의 3농 정책 역시 먼 곳에 눈을 두고 한 걸음 한 걸음 발을 떼기 시작하였다. 사실 중앙 정부뿐만 아니라 많은 자치단체에서 충남의 3농 정책을 주목하고 있다. 특히 3농혁신위원회를 중심으로 민관 협력에 바탕을 둔 정책 추진 방식에 관심이 많은 듯하다. 사실 지금까지 추진되어온 어떤 정책도 농어업과 농어촌을 망쳐먹으려고 시작하지는 않았을 것이다. 문제는 어떤 정책을 내놓느냐보다 어떻게 정책을 만들고 추진할지가 아닐까. 그런 의미에서 충남의 3농 정책은 다 지어진 집을 보기보다는 집 짓는 과정에 공을 들이고 있다고 먼저 말하고 싶다.

더불어 지금은 어떤 결과도 예단하는 오류를 범해서는 안 된다. 결과가 어찌 나올지 예상하기도 어려울뿐더러 예상 자체가 무의미하니 말이다. 더구나 충남만이 3농의 문제를 고민하는 것도 아니다. 대한민국 정부를 비롯한 모든 지방자치단체에서 3농 문제를 풀려고 부단히 노력하고 있다. 다만, 결과를 너무 기대하다 보면 자칫 전시 행정으로 흘러갈 수 있기에 성과에 너무 조

급해 말고 과정에 치중하자고 수없이 강조해왔다. 그래야 오래 간다. 그래야 보여주기식으로 전락하지 않는다. 물론 이렇게 하려면 표심에 민감할 수밖에 없는 자치단체장의 통 큰 결심이 있어야 한다.

안희정 지사는 3농 정책을 추진할 때 단기적 성과에 급급하지 않는 긴 호흡이 필요함을 누차 강조해왔다. 물론, '두레기업(충남형 6차 산업)'이나 '마을 만들기'처럼 중앙 정부가 충남을 모델로 하여 전국적으로 확산해가는 사업도 많다. 또한, 연안하구생태복원사업(역간척)처럼 중앙 정부에 역제안하는 사업도 있다. 중요한 것은 충남 역시 강원이나 전남에서 만든 좋은 정책을 따라 배운다는 점이며, 서로 그런 자세를 가질 때만이 우리 농정은 통합의 농정으로 갈 수 있다.

강이 아름다운 것은 흐르기 때문이고, 바다가 있는 것은 육지가 있기 때문이다. "이별은 끝나야 한다. 슬픔은 끝나야 한다. 우리는 만나야 한다"로 끝나는 〈직녀에게〉를 흥얼거리며, 통합의 진짜 농정을 되새겨본다.

따뜻한
공생의 패러다임,
3농혁신

　　우리 속담에 "콩 한 쪽도 나눈다."라는 말이 있다. 참 아름다운 말이다. 그런데 일상에서는 콩 한 쪽 때문에 고민과 맞닥뜨리는 경우가 적지 않다. 나누어 먹는 콩 반쪽보다는 혼자 먹는 콩 한 쪽이 쉴 새 없이 나를 유혹하기 때문이다. 이러한 탐욕은 시장의 동력이기도 하기에 뭐라 탓하기도 어렵다. 다른 한편으로 콩 한 쪽은 누가 먹든지 같은 사회 안에서 분배되는 것이어서 사회 전체적으로 볼 때 후생welfare은 동일하게 증가한다. 누군가의 배가 부른 만큼 다른 누군가의 배는 고플지언정 말이다. 더하고 빼서 결국 제로가 된다고 해서 이를 '제로섬 게임'이라 한다.

　　오늘날 농어업과 비농어업, 농어촌과 도시, 농어민과 도시민의 관계 역시 효율성이라는 덫에 걸려 한쪽의 계속되는 희생과 또 다른 쪽의 지속적인 성장이라는 제로섬 게임의 결과이다. 실로 참담하다. 농촌 인구의 감소세는 둔화되었다지만, 농업 인구는 6% 남짓으로 계속 미끄럼을 타고 있다. 20년 전에 농사를 짓기 시작할 때 동네서 막내였는데 지금도 막내고 20년 뒤에도 막내일 것 같다는 어느 농민의 말이 우리의 현실이다. 도시민과의 소득 격차는 벌어지고, 하루가 다르게 오르는 종자며 비료 값 대느라 허리가 휜다. 아픈 허리 좀 치료하려고 병원 한 번 나가기도 만만치 않다. 오죽하면 "가다 죽는다."라고 했을까. 농어업·농어촌이 중요하니 잘 지켜야 한다고 너나없이 열을 올리는데도 호주산 소들은 표정 관리가 쉽지 않다. 이것이 엄연한 현실이다.

이 참담한 제로섬 게임을 언제까지 계속해야 할까? 콩 한 쪽을 나누어 먹을 때의 경제적 효과를 한번 생각해보자. 역시나 한정된 콩 한 쪽 나누어서 먹는 것에 불과하니 사회 전체적으로 볼 때 후생의 증가는 달라지지 않는다. 그러나 우리는 그 과정에 돈으로 살 수 없는 엄청난 가치가 숨어 있음을 알고 있다. 그것은 나눔, 협동, 연대를 통해 얻는 효용과 만족도이며, 효율성 지상주의를 바로잡을 수 있는 대안이기도 하다. 나눈 반쪽이 다시 나뉘고, 또 나뉘고…… 나뉘질수록 그런 효용을 얻는 사람은 많아지며, 사회 전체적으로 내실 있는 성장의 토대가 형성된다. 나누어 주는 사람이나 나눠 받는 사람이나 모두 유익한 것이며, 이것이 따뜻한 공생의 시작점이다.

우리 삶의 기반이 되는 농어업·농어촌에서 이러한 공생의 패러다임을 어떻게 만들어낼지 고민한 끝에 나온 것이 바로 '3농혁신'이다.

좀 더 살을 붙이자면, '3농'은 농어업·농어촌·농어민을 줄인 말이고, '혁신'이란 말 그대로 묵은 무엇을 바꿔서 새롭게 하자는 것이다. 중요한 것은 '무엇을' 바꿔나갈 것인가이다. 1차적으로는 농어업·농어촌·농어민이겠지만, 국민의 정서와 생각도 동시에 바뀌지 않으면 안 된다. 우리 모두는 3농과 떼려야 뗄 수 없는 상관관계를 가지고 있지만, 그저 데면데면한 지금의 태도로는 자기 밥그릇 챙기기 이상을 기대할 수 없다. 3농 없이는 주권 국가의 국민으로 살 수도 없고, 우리가 그토록 갈구하는 선진국으로 발전할 수도 없는데 말이다. 국가가 존립하기 위한 요건이 무엇인가? 국민, 영토, 주권이며, 그 어느 하나 없이도 존립할 수 없다. 농어민은 국가의 국민이면서, 영토의 일부분인 농어촌을 지키고 가꿀 뿐만 아니라 식량 주권을 지키는 파수꾼이다.

3농혁신을 따뜻한 공생의 패러다임으로 이해하고 공유하는 일은 콩 한 쪽을 나눠 먹는, 협동과 연대의 사회를 만드는 일의 시작이며 그 방향이다. 그런데 농어업, 농어촌, 농어민 혼자서는 존립할 수도 없고 해결할 수도 없는 문제를 너무 오래 내깔려두었다. 이젠 더 이상 내깔려둘 수 있는 문제가 아니다.

동일한 자본을 투입했을 때 농어업이라는 산업은 공업에 비해 생산성이 낮아서 상대적으로 발전이 더딜 수밖에 없다. 따라서

농어업과 농어촌이 뿌리이면 도시는 잎과 줄기이며,
그러한 값진 공생은 동반 성장이라는
달콤한 과실을 생산해낸다.
비록 시간은 걸리더라도 공생의 과정
하나하나가 혁신이며, 가장 빠른 길이기도 하다.

농어업 문제를 해결하려면 생산성 향상이 필요한데, 이것이 구조 개선, 규모화, 경쟁력 제고로 이어지는 농정의 논리적 토대이다. 또한, 농어촌 지역 구성원인 농어민의 소득이 도시 주민에 비해 상대적으로 낮아 삶의 질도 그만큼 낮을 수밖에 없다. 따라서 농어민 문제를 해결하려면 궁극적으로 소득을 높여야 하는데, 이를 위해서는 다시 농어업 생산성의 향상이 필요하다. 즉, 농어업 문제와 농어민 문제는 어떤 경우에도 떼어놓고 생각할 수 없다.

농어촌의 지역 개발 정도가 도시에 비해 상대적으로 낮으니 농어촌에 거주하는 주민의 이촌을 자극하게 되고, 농어촌 인구가 줄게 되면 단위당 복지·의료, 문화, 교육의 서비스 공급 비용이 증가할 수밖에 없으니 다시 농어촌 개발을 어렵게 만드는 악순환으로 연결된다. 학생 수가 감소하면 폐교가 늘어나고 폐교가 늘면 다시 학생들이 떠나게 된다. 농어촌의 병원이, 보건소가, 극장이, 학교가, 우체국이 문을 닫는 것은 지역 주민 즉 농어민이 감소하기 때문인데, 이는 또한 농어업으로부터 얻는 소득이 상대적으로 열악하기 때문이다. 즉, 농어업 저생산성은 농어민 저소득과 이농을 촉진하고, 이는 농어촌 개발을 정체시키는 등 상호 밀접하게 연결되어 있다. 그러므로 이러한 세 가지 요인의 상호관계 속에서 농어촌 사회 문제를 풀어나가야 한다.

이렇듯 3농이라는 짤막한 말은 우리 시대가 지향해야 할 방향을 함축적으로 담고 있다. 농어업 문제는 농어촌 문제요, 농어촌 문제는 농어민 문제이기 때문이다. 농사 짓기가 어려워지고 소득이 변변치 않으니 농민이 하나둘씩 떠나고, 농촌은 활력을 잃어가는 것 아닌가. 결국 농어업, 농어촌, 농어민 문제는 별개의 문제가 아닌데 정작 정책은 따로따로 추진되다 보니 '밑 빠진 독에 물 붓기'라는 푸념만 무성하게 된다. 농어촌 정책이라 함은 농어촌 지역의 문제를 말하지만, 농어촌에는 농어민이 있고, 이들의 주업이 농어업이다.

그렇다. 3농혁신은 농어업이라는 산업, 농어촌이라는 공간, 농어민이라는 사람의 문제를 하나의 틀로 보고, 그렇게 정책을 세우고 추진해야 한다는 것이다. 농어촌 문제는 농어촌이 위치하는 '공간'의 문제이기도 하지만, 주요 구성원이 '농어민'이고 구성원의 주요 소득원이 '농어업'으로, 그것은 부분과 전체의 문제와 같다.

농어업과 농어촌이 뿌리이면 도시는 잎과 줄기이며, 그러한 값진 공생은 동반 성장이라는 달콤한 과실을 생산해낸다. 비록 시간은 걸리더라도 공생의 과정 하나하나가 혁신이며, 가장 빠른 길이기도 하다.

나는 이야기하고 싶다. 어쩌면 외치고 싶다는 표현이 적절한지도 모르겠다.

"농어업, 농어촌, 농어민 3농은 우리 모두의 것이며, 모두 같이 풀어가야 한다!"라고 말이다. "3농혁신은 대한민국의 미래"라고 말이다.

농부아저씨들께
안녕하세요. 저는 3-3 반 박대인
이에요. 벼도 베는 것도 도와주
시고 탈곡도 도와주시고
풀을 놀이를 보여주셔서 감사합
니다. 그리고 먼 충남 홍성군에서
오셔 힘드셨죠? 저희 친할
아버지도 농부아저씨여서
저희할아버지가 하는 것을 맘이
보고 아저씨와 비교해보았더니
비슷했고 1~6학년까지 해주셔서
4시간동안 해서 힘들었죠?
앞으로 파이팅
2013년 0월 17일 목요일   홍인초 3-3 박대인올림

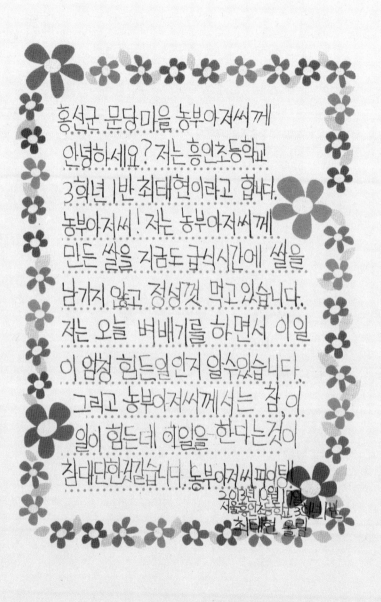

홍선군 문당마을 농부아저씨께
안녕하세요? 저는 흥인초등학교
3학년 1반 최태현이라고 합니다.
농부아저씨! 저는 농부아저씨께
만든 쌀을 지금도 급식시간에 쌀을
남기지 않고 정성껏 먹고 있습니다.
저는 오늘 벼배기를 하면서 이 일
이 엄청 힘든 일인지 알 수 있습니다.
그리고 농부아저씨께서는 참, 이
일이 힘든데 이 일을 한다는 것이
참 대단한 것 같습니다. 농부아저씨 파이팅!

2013년 0월 1기일
서울흥인초등학교 3학년 1반
최태현 올림

2

3농의
가치와 현실

"가정생활을 비롯해 개인이 맺는 관계·교육·건강·환경·시민생활·스포츠 심지어 삶과 죽음의 문제에서 돈과 시장이 차지하는 적절한 역할을 놓고 토론하도록 독자를 격려한다. 우리는 시장이 공공선에 기여할 수 있는 영역과 시장 논리를 적용하면 안 되는 영역을 어떻게 결정할 것인가? 모두가 거래 대상이 되는 사회를 만들지 않고서도 시장체제가 제공하는 최상의 이익까지 누릴 수 있으려면 어떻게 해야 할까?"

《정의란 무엇인가》의 저자 마이클 샌델이 쓴《돈으로 살 수 없는 것들》에 나오는 한 구절이다.

우리는 우리 사회에 돈으로 살 수 없는 많은 것이 존재하는 것을 알고 있는데도 가치지향적 사고보다는 자본과 시장 중심의 사고에 익숙하다. 그것이 당연하다면, 3농이 우리의 삶에 얼마나 가치 있는 것인지 제대로 따져보는 것이 필요하다. 그런 가치들은 국민이 이미 동의하고 있거나 합의하고자 하는 하나의 사회적 지향을 만들어낸다는 점에서도 중요하며, 3농 문제를 풀어가는 첫 단추이기도 하다. 그동안 3농이 가지고 있는 다양한 가치를 다원적 기능 또는 공익적 기능이라는 이름으로 불러왔다. 먹거리 생산을 통한 식량 안보, 환경 보전, 지역과 전통문화의 유지, 휴양과 학습 공간 등이 그것이다.

●
돈으로 살 수 없는
쌀과 금메달의
숨은 가치

　강의하다 돌발적으로 학생들에게 "배고픔을 아느냐?" 물은 적이 있다. "그럼요~ 잘 알아요."라고 대답들은 하지만, 이들에게 배고픔이란 다이어트 중의 배고픔이거나 수업에 늦어 한 끼니 걸렀을 정도의 배고픔이 아닐까 싶다.

　이 아이들에게 '보릿고개'를 물어보면 뭐라고 대답할까? 혼분식 장려를 위해 점심시간이면 도시락 검사를 하고 흰쌀밥이면 선생님께 혼나던 그 시절을 알까? 어머니는 보리밥 드시면서도 아들놈 기죽을까 봐 흰쌀밥을 도시락에 담아주면서 혹시라도 혼식 안 한다고 혼날까 싶어 위장용으로 보리밥을 군데군데 박아놓아주셨던, 그리고 계란 후라이 하나 밥 아래에 깔아놓으셨던 그 도시락을 알까? 언제든 사다 먹을 수 있는 먹거리가 넘치는 이 풍요의 세상에서 말이다.

생활체육을 전공하는 어느 교수님과 '쌀과 금메달'이라는 다소 안 어울리는 조합의 이야기를 한 적이 있다. "금메달의 경제적 가치는 얼마나 될까?"라는 궁금함이 이야기의 시작이었다. 2012년 런던올림픽에서 수여된 금메달은 금 1%, 은 93%, 구리 6% 정도로 만들어 대략 80만 원이 들었다고 한다. 금메달 하나가 고작 80만 원? 헐값도 대단히 헐값이다. 경기를 보면서 수많은 국민이 느꼈을 자긍심과 승리의 쾌감처럼 돈만으로는 환산할 수 없는 엄청난 가치가 금메달 하나하나에 아로 새겨 있음을 생각해보면 말이다. 1936년, 손기정의 목에 걸렸던 그 금메달이 일제 치하 우리 백성에게 주었을 그 기쁨을 생각해볼 때 그 가치를 어찌 헤아릴 수 있겠는가. 금메달 한 개당 약 500~600억 원의 경제적 가치가 있다는 스포츠 경제학자들의 분석도 있다. 만드는 비용은 80만 원에 불과하지만 이루 헤아릴 수 없는 엄청난 가치를 가진 '금메달'이나 식량 안보, 국토의 균형 발전, 전통문화의 보전 등 다양한 공익적 가치를 발휘하지만 늘 시장에서 홀대받는 '쌀'이나 서로 닮아도 참 많이 닮았다는 생각이 들었다.

쌀과 금메달뿐만 아니라, 농업과 체육은 의외로 공통점을 많이 가졌다. 먼저, 둘 다 삶을 영위하는 데 필수불가결한 요소를 제공한다. 농업은 다양한 먹거리를 통해 생존에 필수적인 에너지를 공급하며, 체육은 건강하고 균형 잡힌 몸을 만들어주니 당연하다. 먹지 않고, 움직이지 않고 살 수 있는 생명체는 어디에도 없으니 말이다.

두 번째, 둘 다 소비를 통해 엄청난 만족감을 제공한다. 소비의 효용이 막대하다는 것이다. 농업은 놀거리와 볼거리를 주기도 하지만, 무엇보다 사람들에게 '맛'을 선물한다. 싱싱한 제철 과일과 갓 잡아올린 싱싱한 생선회 한 점, 생각만 해도 즐거워진다. 여러 가지 맛있는 음식을 먹어보는 것을 낙으로 여긴다는 식도락이라는 말도 있지 않은가. 체육 또한 그렇다. 우리 주위의 많은 사람이 체육 활동에 많은 시간과 비용을 지불하는 데 큰 망설임이 없으니 말이다.

세 번째로, 농업이나 체육이나 자연환경에 영향을 많이 받는다. 잦은 기상이변으로 우리나라 쌀 생산량은 풍작과 흉작을 되풀이한다. 기후 변화로 인한 작물 생육의 변화는 인류가 장기적으로 맞닥뜨린 큰 문제이기도 하다. 체육 분야 또한 기후가 큰 변수 중 하나이다. 농업이나 체육이나 자연의 변화에 적응하고 순리에 잘 따르는 것이 중요함을 일깨우는 대목이 아닌가 싶다.

또 하나, 닮지 말아야 할 공통점이 있는데, 둘 다 쉽게 잊힌다는 것이다. 2012년 런던올림픽에서 전 국민을 제대로 열 받게 했던 펜싱 오심을 기억하는가? "맞아! 그때 그런 일이 있었지!" 어느덧 아련한 일 같은 반응을 보이지만, 사실 불과 몇 년 전 일이다. 배추 한 포기가 1만 5000원 할 때를 기억하는가? 호떡집에

만드는 데 80만 원에 불과하지만
이루 헤아릴 수 없는 엄청난 가치를 가진 '금메달'이나
다양한 공익적 가치를 발휘하지만
늘 시장에서 홀대받는 '쌀'이나
서로 닮아도 참 많이 닮았다는 생각이 들었다.

불이 나도 단단히 났다. 온 나라가 난리였다. 국민 모두는 배추 유통의 전문가가 되고, 정치인들은 정책 비판에 열을 올렸다. 그런데 지금은 어떠한가? 분기탱천하던 그 많던 전문가는 어디로 갔는지 온데간데없다. 그렇게 들끓었던 절박한 문제이지만 사람들의 기억 속에 오랫동안 머무르지 못하고 쉽게 잊힌다.

이와는 달리, 우리가 기억해야 할 중요한 닮은꼴도 있다. 농업과 체육이 발전한 나라가 선진국이라는 사실이다. 세상 많은 나라 가운데 제대로 된 선진국치고 농업이 발전하지 않은 나라가 없다. 1971년 노벨 경제학상 수상자인 쿠즈네츠는 "후진국이 공업 발전을 통해 중진국까지는 발전할 수 있지만, 농업·농촌의 발전 없이는 선진국이 될 수 없다."라고 농업의 중요성을 강조하고 있다.

프랑스에서는 쉬지 않고 오래 걷는 '랑도네'가 생활체육으로 뿌리내리고 있고, 일본에서는 30%가 넘는 국민이 걷기를 즐기고

있다. 선진국에서 뿌리내리고 있는 생활체육의 힘과 그런 힘을 시민이 주도해 만들어가고 있다는 사실을 배워야 한다.

배고플 때나 찾고 이겼을 때만 박수를 보내는 쌀과 금메달이 되어서는 안 된다. 그것은 우리 생활 깊숙이 뻗어내린 건강하고 행복한 삶의 원천이기 때문이다. 그래서 국민 모두가 커다란 울타리가 되어주어야 한다. 대한민국이 선진국으로 가는 길목에서 발전되어야만 할 농업과 체육의 모습은 어떤 것인지 우리 모두 곰곰이 되짚어보았으면 한다.

비시장 재화의
경제적 가치

　제목을 보고는 무슨 말인가 싶은 분도 있을 테다. '비시장 재화 non-market goods'는 뭐고, 어떤 가치를 경제적으로 평가한다는 것인지 말이다. 우선, 시장 재화가 무엇인지부터 이야기를 시작해보자. 시장 재화는 아파트, 자동차, 당근처럼 시장에서 거래되는 상품으로 모두 '가격'이라는 꼬리표를 달고 있다. 학교 다닐 때 배운 내용을 다시 한 번 떠올려보자. 시장 경제에서 가격은 재화의 가치를 평가하는 절대적인 수단이며, 수요와 공급에 의해 결정된다. 수요와 공급이 늘 딱 맞아떨어지지는 않으니 때론 금배추가 되었다가 어떤 때는 똥배추가 되기도 한다. 이처럼 시장 재화는 가격에 따라 흘러다니며 우리가 소비하는 대부분의 것이다.

돈으로 모든 것을 살 수 없듯이 가격이 모든 가치를 결정하는 것은 아니다. 당진 해나루 쌀의 가격 6만 원은 시장에서 평가되고 거래되는 시장 가치일 뿐이다. 반대로, 가격의 꼬리표가 없다고 가치가 없는 것은 아니다. 배추가 싸든 비싸든 김치는 우리 밥상에서 빠질 수 없고, 김치에 담긴 음식 문화의 값어치를 돈으로 따질 수 없듯이 말이다. 부모의 헌신, 자연이 선사하는 싱그러움, 이런 것들은 따로 설명하지 않아도 정말 가치 있는 것이다. 비시장 가치는 시장에서 거래되지 않는 재화의 가치이며, 거래 시장도 존재하지 않기에 돈으로 살 수 없는 것이다. 북극곰이 그렇다. 홍성 문당마을 할매들의 손끝에서 나오는 장맛이 그렇다. UN이 정한 물 부족 국가인 대한민국의 녹색 댐 역할을 하는 산과 논이 그렇다.

이런 값어치를 시장 가치는 반영하지 못하는데, 그래서 발생되는 현상을 '시장의 실패market failure'라고 한다. 가치는 엄청나게 큰데 가격이 없을 뿐만 아니라 시장에서 거래되지 않아서 마구잡이로 쓰게 되고 환경 문제 같은 외부 효과external effects로 나타난다는 것이다. 지금 당장은 아무런 대가도 지불하지 않고 쓸 수 있지만 결국 언젠가는 치러야 할 사회적 비용인 것도 모른 채 말이다. 공짜 점심은 없는 법이다.

그런데 이제는 아무런 대가의 지불 없이 누리고 있는 이러한 비시장 재화의 가치를 금액으로 환산해보고 정책적으로도 반영할 필요성이 커졌다. 가로림만의 갯벌을 선택할지 아니면 조력 발전소를 짓고 거기서 나오는 전기를 선택할지, 선택의 문제가 생긴 것이다. 갯벌이 지천으로 있다면 문제될 것이 없지만, 모든 것은 한정되어 있다. 당장 먹고사는 문제가 절박했던 시절에는 여지없이 방조제를 쌓고 갯벌을 메워야 했지만, 지금은 그렇지 않다. 한 손에 든 조력 발전소와 또 다른 한 손에 든 갯벌을 제대로 저울질해야 한다. 비시장 재화의 가치를 경제적으로 꼼꼼하게 따져봐야 할 이유이다.

농어업, 농어촌, 농어민의 가치 역시 쉽게 환산하기 어렵다. 그래도 3농의 경제적 가치를 따져보려는 연구가 지속적으로 있어왔다. 그러한 연구들은, 논의 공익적 기능이 26조 9814억 원(엄기철 외, 1993), 농업의 다원적 기능은 10조 673억 원(오세익 외, 2001), 농업·농촌의 공익적 기능이 지닌 산업적 가치는 86조 원이며, 다원적 가치는 166조 원(양승룡 외, 2011) 등으로 추정하였다. 2013년 한국농촌경제연구원에서는 농업·농촌의 공익적 기능에 대한 경제적 가치를 평가하였는데, 최소 6조 3468억 원에서 최대 9조 3272억 원의 지불 의사willingness to pay가 있는 것으로 나타났다. 이외에도 농업·농촌이 지닌 유산 자원의 경제적 가치를 경관 자원 7267억 원, 전통문화 자원 6902억 원, 농촌 공동체 활력 5361억 원으로 추정하였다(신용광 외, 2012). 그리고 우리나라에서 유기 농업 실천에 따른 공익적 기능의 가치를 경제적으로 평가하였는데, 응답자들은 환경 오염 감소, 생물 다양성 증

결국 봉서산이 깎이고 서부대로가 개설되었지만,
그 누구도 해마다 88억 원씩을
손해보고 있다고 생각하지 않는다.
이것이 공공재가 가지는 딜레마이며,
시장 실패가 필연적으로 나타날 수밖에 없는 한계이다.

진, 문화의 다양성 및 지역 사회 유지, 경관 개선 등을 위하여 정책 추진이 필요하다고 했으며, 그 가치는 1조 9605억 원으로 추정되었다(유진채 외, 2010). 또한, 산림 생물 다양성에 의한 경제적 효과는 바이오 산업, 자생종, 임산물 생산, 보호 구역, 산촌의 소득 측면에서 나타나며, 그 가치는 연간 6조 7200억 원으로 평가되었다(김정택 외, 2012). 그리고 밭농사의 다원적 기능 중 7~8월의 고온 기간 동안 기후 순화 기능의 경제적 가치를 12조 3412억 원으로 추정한 연구 결과도 있었다(현병근 외, 2013).

한때 천안에서는 봉서산 보호와 도로 건설이라는 의견이 팽팽히 맞선 적이 있었다. 얼마 되지 않는 도심 내 녹지 공간으로 남아 있던 봉서산 자락과 쭉 뻗은 서부대로 개설 공사가 맞붙은 것이다. 무작정 도로를 넓히는 것만이 능사가 아니었기에 어떤 대안이 합리적인지 저울질이 시작되었다. 당시 시민들의 설문 조사와 분석에 기초한 봉서산의 경제적 가치는 연간 약 88억 원(이지은·허승욱, 2003)으로 추정되었다. 쭉 뻗은 서부대로를 선택하는 것은 연간 88억 원을 포기하는 것이나 마찬가지라는 얘기였다. 다른 한편으로 88억 원이라는 경제적 가치를 그동안 공짜로 이용하고 있었다는 것이기도 하다.

결국 봉서산이 깎이고 서부대로가 개설되었지만, 그 누구도 해마다 88억 원씩을 손해보고 있다고 생각하지 않는다. 이것이 공공재가 가지는 딜레마이며, 시장 실패가 필연적으로 나타날 수밖에 없는 한계이다. 논 농업의 공익적 기능을 따져보니 10조 원이니 이 평가 금액을 쌀 가격에 반영해서 지금보다 5배로 올릴 수 있는 문제가 아니라는 것이다. 그래서 공공재의 공급을 국가와 국민이 책임질 수밖에 없는 이유이기도 하다.

그런데 여기에 패착이 있다. 논은 시장 가치와 비시장 가치를 동시에 만들어내는데, 농정은 쌀 정책과 식량 안보가 따로, 도시와 농촌이 따로, 생산자와 소비자가 따로, 농업과 환경이 따로따로라는 점이다. 솔직히 한 지붕 두 가족일 수밖에 없는 살림살이였다고 얘기하는 것이 맞겠다. 그래서 이제는 정책과 조직 간에 높아진 담장을 걷어내려는 노력이 필요하다. 농업·농촌의 시장 가치와 비시장 가치가 연계된다는 것은 도시와 농촌, 생산자와 소비자가 자연스럽게 뒤섞인다는 것이다. 조직은 민간이 징검다리가 되어서 섞고, 패러다임은 융복합을 지향해야 한다.

10조니 100조니 하며 3농의 경제적 가치를 어찌 돈으로 따질 수 있을까? 자식에 대한 어머니의 사랑을 얼마라고 매길 수 있을까? 불가능할 뿐만 아니라 3농 문제와 결부되어 발생되는 많은 문제를 단기간에 해결한다는 것도 버거운 것이 현실이다. 분명 돈으로 살 수 없는 것들이며, 그래서 너무나 소중한 것들이다.

농어업의
비교역적 기능

　우리는 보통 농어업의 가치 또는 농어촌의 가치라 말하지만, 앞서 살펴보았듯이 농어업, 농어촌은 따로 떼려야 뗄 수 없을 뿐만 아니라 농어민이 없는 농어업과 농어촌은 상상조차 할 수 없다. 세분화, 전문화 또는 정책적 편의를 위해 3농을 따로따로 사고하는 것은 이제 제발 그만두자. 농어업·농어촌·농어민은 각각 삼각뿔의 한 모퉁이를 차지하며 서로를 지탱하는데, 그것이 혁신의 원동력임을 상기하여야 한다.

　3농은 돈으로 따질 수 없는 엄청난 가치를 발휘한다. 이를테면, 농촌의 전통과 식량 안보 같은 다양한 가치나 시장에서 거래되지 않는 '비시장적 가치'를 가진다. 이 가치는 농업 생산과 연계하여 발휘되는 것이기에 시장 가치를 인정받기 어렵지만, 그 가치는 인간과 사회의 존재 여부를 가름할 정도로 무한하다.

가족농 보존, 농촌 인력 고용의 유지, 농촌 문화유산 보전, 농촌 사회 유지, 생물적·생태적 다양성 보존, 농업·농촌을 이용한 여가 선용 제공, 농촌 관광 자원 공급, 토양과 물과 공기의 정화, 관개 시설 보존, 생물 에너지 보존, 음식의 질과 안정성 향상, 농촌 경관, 식량 안보, 동물 복지의 함양 같은 공익적 기능이 그것이다.

1998년 12월 128차 OECD 농업위원회에서부터 2000년 9월까지 네 차례 농어업의 다원적 기능에 대한 논의가 진행되었으며, 2000년 6월에는 다원적 기능의 가치 평가에 관한 워크숍이 미국 워싱턴에서 개최되기도 하였다. 우리나라에서는 농업의 다원적 가치를 농업·농촌 기본법에 담고 다음과 같이 강조하고 있다.

"국민의 식량을 안정적으로 공급하고 국토 환경 보전에 이바지하는 등 경제적·공익적 기능을 수행하는 기간산업으로서 국가 경제의 조화로운 발전의 기반이 되도록 하고, 농업인은 자율과 창의를 바탕으로 다른 산업 종사자와 균형된 소득을 실현하는 경제 주체로 성장하여 나가도록 하며, 농촌은 고유한 전통과 문화를 보존하는 풍요로운 산업·생활 공간으로 발전시켜 이를 미래 세대에 승계되도록 함을 기본 이념으로 한다."

농어업의 이러한 공익적 기능에 대한 이해와 함께 '비교역적 기능'이라는 다소 생소한 개념에 대한 이해도 필요하다. 그동안

"농업은 지난 30년간 기피해온 직업에서
향후 30년간 최고로 선망하는 직업이 될 것이다."

세계무역기구wTo 협상시 농산물 수출국과 수입국의 가장 큰 쟁점 중의 하나는 농업의 비교역적 기능Non-Trade Concerns, NTC 에 대한 상이한 입장이었다.

농업의 중요성은 농산물 수입국이나 수출국 할 것 없이 높이 평가되고 있는데, 그것은 식량, 섬유 등 농업의 순생산물뿐만 아니라 농업이 제공하는 환경 보전, 농촌 경관 및 문화적 전통의 유지, 농촌 활력 유지 등 사회·문화적 순기능이 매우 다양하기 때문이라고 할 수 있다. 그러나 농산물 수출국의 입장에서는 NTC를 수입국의 국내 농업 보호를 위한 대응 논리 정도로만 한정해서 보는 경향이 있으며, NTC에 대한 논의 과정 역시 상당 부문 형식적으로 추진되어왔던 것이 사실이다.

농업의 비교역적 관심 사항의 정의와 범위는 아직까지 완전한 합의가 도출된 것은 아니지만, 농업의 다원적 기능Agricultural Multifunctionality이라는 말과 의미에서 큰 차이는 없다. 다만, WTO에서 농산물 수출국이 농업의 다원적 기능이란 용어를 기피하는 경향이 있어서, 우루과이라운드 협상 때부터 사용하던 NTC라는 용어를 공식적으로 사용하고 있다.

농업의 비교역적 기능이란 무역 자유화에서 교역에 관한 사항 이외에도 비교역적 관심 사항도 중요하다는 뜻이며, 일반적으로 이러한 외부 효과는 '무임승차 문제'를 야기하여 결국 시장 실패의 한 원인이 되기에 농업에 대한 특별한 정책이 필요할 수밖에 없다. 예를 들어, 요르단 산악 지대 대부분은 올리브를 제외하고는 어떠한 농업 활동도 불가능하다. 그러나 올리브 재배는 물을 적게 소모하고, 토양 침식 방지, 사막화 방지에 기여하는 등 환경친화적이며, 올리브 오일은 빵과 함께 요르단 사람들에게 식량이 될 뿐만 아니라 농촌 고용의 상당 부분을 차지하고 있다. 물론 요르단 산악 지대는 지중해 연안 국가에 비해 생산비는 높지만, 올리브 재배의 사회적, 환경적 효과를 포함하여 경제 전체적인 효과를 고려할 때 그 편익의 크기는 상당할 수밖에 없다(농림부, 2000).

농업의 비교역적 기능에 관한 국제적인 논의는 WTO 농업 협상 과정에서 지속적으로 이루어져왔으며, 향후의 모든 국제적 농업 협상은 물론 3농의 지속가능성에 큰 영향을 끼치게 될 것이 자명하다. 관심의 끈을 놓지 말아야 하는 이유이다. 그리고 "농업은 지난 30년간 기피해온 직업에서 향후 30년간 최고로 선망하는 직업이 될 것이다."라는 짐 로저스의 말처럼 농어업의 공익적 기능은 비시장적 가치가 중시되는 미래에 기회와 부가가치를 창출할 것이다.

농업이 바로
환경을
살리는 길

우리 몸의 체온이 1도만 올라가도 병원 응급실로 직행해야 되는 판에 지구 온도는 1.5도나 올라갔고, 이 추세대로라면 1도 더 오르는 것은 그야말로 시간문제이다. 응급실이 아니라 중환자실로 직행해야 될 판이다. 사과로 유명한 충남 예산이 다가올 몇 년 안에 사과 재배지로는 부적합할지도 모를 시대가 오고 있는 것이다. 북아메리카 꿀벌의 3분의 1이 사라지고 있다는 심각한 현실에 우리는 주목해야 한다. 농부를 농군이라 부르기도 한다. 육해공군은 영토를 지키지만 농군은 꿀벌과 흙 같은 우리 삶의 토대를 지키기 때문이란다.

환경·자원의 가치는 비가역적이다. 비가역적이라는 말은 한번 오염되거나 파괴되면 이를 영원히 복구할 수 없거나, 현재의 과학기술을 활용해 원상태로 회복하는 데 엄청난 비용이 들게 된다는 뜻이다. 이토록 환경 문제가 심각해지는 상황에서 환경 보전과 개발에 있어 결정의 비가역성 역시 개입되기 때문에 신중한 판단과 결정이 필요하다. 그러나 현실에서는 경제가 저개발 상태를 지속할 때 보전보다는 성장의 논리가 우세하며, 이는 환경 문제의 악화를 초래한다. 이렇게 성장과 개발 뒤에는 환경 문제가 따를 수밖에 없으며, 결국 순환을 통한 보전이라는 과제가 남는다. 그렇다면 경제와 환경은 상호보완적으로 발전할 수 없는가. 세계 농산물 생산 구조를 통해 살펴보기로 하자.

1945년 이후부터 세계의 1인당 식량 생산량은 1984년까지 꾸준한 상승세를 유지해왔으나, 1984년을 기점으로 전반적인 하향세로 접어들고 있다. 또한, 1981년 이후 곡물 재배 면적이 감소하고 있어서 곡물의 생산량과 수요량의 차이로 인한 공급 과잉은 완화시킬 수 있었으나, 곡물 재고량 또한 감축되어 전 세계적으로 식량 사정을 불안정하게 하는 요인이 되고 있다.

심각한 생산량 감소 현상과 국제 곡물 시장의 불안정성에도 식량 수요는 계속 증가하고 있어, 2025년에는 85억 인류를 부양해야 할 것으로 전망된다. 1990년 이후 세계 인구는 해마다 약 9000만 명씩 증가하고 있지만, 식량 생산량은 17억 톤 내외로 답보 상태를 면치 못하고 있다. 더욱이 UN의 인구 추계에 따르면,

2025년 선진국과 개발도상국의 인구 구성비는 16.6 : 83.4로 추산되고 있어 개발도상국의 농업 환경 개선이 시급하다.

단적인 예로, 과거 개발도상국의 식량 자급도가 1969~71년 96% 수준에서 1993~95년 88% 수준으로 하락한 점을 감안하면 심각한 문제가 아닐 수 없다. 또한, 개발도상국의 급성장 경제 구조는 육류 소비 증가와 같은 다양한 식문화로 전환하려는 양상으로 나타난다. 이처럼 다양한 식품 소비는 소비자나 생산자 모두에게 편익을 주는 것이 사실이지만, 증가하는 농축산물 수요를 감당하기 위해서는 당연히 농지와 인력이 보다 많이 필요할 수밖에 없다.

농업 기술의 발달과 화학비료 사용량의 증대로 이룬 비약적 생산성 향상은 이제 한계 상황에 도달하고 있다는 것이 중론이다. 게다가 예기치 않은 기후 변화를 비롯하여 경작지의 감소, 토질의 저하, 수자원 부족 등 농업 환경이 전반적으로 악화되고 있는 것이 현실이다.

이처럼 전 세계적인 식량 수요의 증가와 생산량 감소에 직면한 인류에게 농업 환경을 보전해야 할 필요성은 그 어느 때보다 절실한데, 농업 환경의 가치는 성장과 발전의 논리만을 좇아 그 경중이 결정되고 있다. 농업 환경은 '농업을 둘러싸고 있는 모든 것'이다. 다시 말해, 지속가능한 농업 환경을 만드는 것은 우리 모두의 환경을 만드는 것과 같다.

농업의 형태는 지난 4,000년 동안 이어져온 전통 농업에서 녹색혁명을 대표선수로 한 관행 농업으로 탈바꿈하였다. 관행 농업은 품종, 농약, 비료, 농기계를 활용하여 토지, 노동, 자본 생산성을 최대한으로 증진시키는 생산 방식이다. 이와 같은 집약적 농업 생산 방식은 농업 환경의 황폐화를 초래할 수밖에 없다. 따라서 물, 공기, 토양의 오염을 최소화하면서도 농업 생산력을 유지하고 생태계를 보존하며 안전한 농산물 생산을 목표로 하는 친환경적 농업 방식의 발전은 피할 수 없는 선택이다. 모든 환경 문제는 경제활동의 결과이다. 결국, 농업 생태계의 건강성 증진, 생물종의 다양성 유지, 생물 순환 및 생물 활동 증진을 목표로 하는 농업이 황폐한 농업 환경을 회복하는 유일한 대안일 수밖에 없다.

지구 온난화로 자원과 환경 위기에 직면하고 경제적 손실이 확대되는 상황에서, 자원과 에너지를 대량 투입하는 경제 성장에는 한계가 있다. 따라서 녹색 산업, 녹색 기술을 통한 녹색 성장은 불가피한 선택으로 다가왔다. 농업은 기본적으로 녹색 성장과 가장 근접한 부문으로, 재배 기술과 농법의 전환, 환경친화적인 또는 저탄소를 지향하는 농정 추진을 통해 저탄소 녹색 성장을 선도하는 신성장 동력으로 육성해야 한다. 충청 지역에서도 기후 변화에 따른 농산 특산물 재배 지역의 북상과 병충해 확산 등 농업 환경 변화에 대처할 수 있는 맞춤형 정책이 필요하다. 또한, 기후 변화로 인해 작목별 재배 적지가 변화하니 이에 대한 대응 노력 역시 선제적으로 마련해야 한다.

희극 같기만 한
비극적인
3농의 현실

　가슴이 참 답답하다. 수많은 사람이 이 나라의 농업을 고민하며 대안도 내고, 죽기 살기로 정책도 추진하고 있다는데, 눈앞의 현실은 어디 그런가? 인터넷에서 'e-나라지표'를 찾아 들어가 '농업'을 클릭해보라. 그저 나오는 것은 한숨뿐이다.

　우리 눈앞의 현실, 최근 10년(2003~12년) 동안 어떻게 변했나 보자. 농가 인구는 353만 명에서 291만 명으로 62만 명이 줄었다. 내가 살고 있는 천안시 전체 인구와 비슷한 농민들이 지난 10년 동안 감소한 것이다. 농가 소득은 연 2688만 원에서 3100만 원으로 15% 늘었다지만, 10년 동안 물가 상승(36%)을 생각해보니 이건 후퇴도 한참 후퇴이다. 도시 근로자 가구 소득과 비교해

보니, 76.2%에서 57.6%로 소득 격차는 더욱 크게 벌어졌다. 생명이나 다름없는 경지 면적은 185만 ha에서 173만 ha로 12만 ha가 사라져버렸다. 충남 전체 벼 재배 면적(15만 ha 정도)과 비교해보면 얼마나 많은 경지가 줄고 있는지 짐작이 될 것이다. 농촌에서 우리 농민들이 올리는 매출액인 농림업 생산액은 33조 원에서 43조 원으로 올랐다지만, 대한민국이라는 백화점의 전체 매출액에서는 그 비중이 3.4%에서 2.3%로 줄었다. 식량 자급률은 10년 전에 그나마 53.3%였던 것이 44.5%로 8.8%나 떨어졌다. 쌀이 선방하고 있어 이 정도이다. 소, 돼지가 먹어치우는 옥수수, 박류 등을 합한 곡물 자급률은 27.8%에서 22.6%로 떨어졌다. 곡물 자급률 하락에는 그저 고기 하면 사족을 못 쓰는 내 입맛도 한몫했다. 1인당 쌀 소비량은 연간 83.2kg에서 69.8kg으로 떨어진 반면, 육류 소비량은 33.4kg에서 40.6kg으로 훌쩍 뛰었다. 대략 10근 이상이나 더 먹고 있다. 사료용을 제외한 식량 자급률은 44.5%인데, 축산육류의 자급률이 61.2%나 되는 이유가 여기에 있다. 고기 생산을 위해 가축에게 먹이는 양도 어마어마하다. 2012년에 수입된 사료 원료가 1406만 톤인데, 그해 우리의 쌀 생산량은 400만 톤 정도로 3분의 1이 채 안 된다. 곡물 자급률이 23%라는 것은 곡물 100개가 필요한데 23개밖에 없다는 뜻이고, 그렇다면 부르는 게 값일 터인데 엄청난 수입 농산물 때문에 현실은 딴판이다. 농축수산물 수입 규모는 10년 전에 122억 달러에서 334억 달러로 무려 3배 가까이 늘었다. 1달러에 1,100원만 치더라도 36조 원이 넘는 규모이다.

이것이 가슴을 짓누르는 답답함의 정체이다.

1993년 12월 15일 우루과이라운드 협상이 타결되었고, WTO 는 1995년 1월 1일에 출범하였다. 이는 결국, 그동안 농산물은 국 가와 지역마다의 특수성 때문에 예외 분야로 했던 가트GATT 체제 의 종식과 함께 농산물도 예외 없는 경쟁 체제로 돌입했다는 신 호탄이다.

WTO는 이해 당사국이 여럿인 다자간 협상인 데 비하여 자유 무역협정FTA은 한 나라 또는 지역과의 협상이어서 협상의 속도가 빠르다. 가장 최근에 체결된 한·캐나다, 한·뉴질랜드 FTA는 했 는지 안 했는지조차 모르게 빠른 속도로 진행되었다.

한·미 FTA에 따라 미국산 쇠고기에 대해서는 2006년부터 관 세를 붙이지 않고, 한·칠레 FTA에 따라 평균 관세율은 0.3%로 이미 관세 효과는 없어진 것이다. FTA는 말 그대로 자유무역협정 이며, 궁극적으로는 서로의 관세 장벽을 허물어서 자유롭게 무역 이 이루어지게 하자는 것이다.

FTA를 하는 이유는 간단하다. 서로 경제적 이익이 생길 것으 로 계산하기 때문이다. FTA 체결 즈음에 FTA로 인한 경제적 파 급 효과가 몇 조네 얼마네 하는 신문기사 머리글들이 기억날 것 이다. 그런데 문제는 FTA로 인해 이익을 보는 분야가 있으면 피 해를 보는 분야도 반드시 생긴다는 것이다. 받는 것이 있으면 그만큼 주어야 하는 것이 협상이다. 아무리 주판을 튕겨봐도 농어업은 FTA로 피해를 보는 분야이다.

한·미 FTA의 경우, 2011년 당시 한나라당 주도로 비준 동의안이 국회를 통과하고 대통령 서명 절차를 거쳐 2012년부터 발효되었다. 나라가 온통 호떡집에 불난 듯 난리였다. 집회는 연일 이어지고 야당들은 비준 동의안이 무효라 선언했다. 그런데 지금은 어떠한가?

막막하다. 충남처럼 농업 비중이 큰 지역은 더더욱 그러하다. 그나마 잡고 있던 지푸라기마저 놓쳐버리고 망망대해에 내동댕이쳐진 느낌이다. 그동안 농업 경쟁력 강화를 위하여 수백조 원을 투자했는데, 이제 와서 보니 밑 빠진 독이었고 경쟁력도 없으니 너희가 알아서 잘해보라는 식이다. 맞는 얘기인가?

우선, 농업이 경쟁력이 있기나 한 산업인지 반문한다. 210만 충남 인구 중 농가 인구는 약 40만 명으로 20% 정도이다. GRDP(지역내총생산)라는 잣대가 있다. 어느 지역의 각 산업 부문별 부가가치를 합해놓은 것이다. 쉽게 말해 충남이라는 상점의 총매출액을 말하는 것이다. 2008년도에 충남 전체 GRDP는 58조 원인데, 그중 농림어업 부문이 3.2조 원으로 5%가 조금 넘는다. 전체 인구 20%가 매출은 5% 남짓밖에 못 올렸다. 어느 상점 이야기라면 사달이 나도 백 번은 났을 테다. 생산 여건은 어떠한가? 충남 어디를 가든 도로에 붙은 땅은 못해도 한 평에 20만 원은 가는 높은 토지 비용을 감당해야 하고 호당 경지 규모는 1.5ha에 불과한 지역에서 어찌 농업 경쟁력을 운운할 수 있겠는가. 그리고 이렇게 생산된 농산물이 가격 면에서 어찌 경쟁력을 가질 수 있겠는가.

그렇다면 우리나라 농업만 경쟁력이 없는 것인가? 아니다. 전 세계 모든 나라에서 농업은 국가와 국민이 지탱한다. 산업적 경쟁력은 없지만, 보호해야 할 이유가 그만큼 뚜렷하기 때문이다. OECD 국가들의 평균 농업 보조금은 전체 농업 생산액의 16% 수준이고, 우리나라는 5% 정도이다. 미국은 갖은 방법을 통해 30% 이상에 달한다. 호주, 뉴질랜드는 생산 기반에 대한 정부 투자와 지원 비율을 높여 생산비를 낮춘다. 우리나라도 엄청 지원했다고 한다. 농어업선진화위원회에서 밝힌 내용을 보니 1992년부터 2008년까지 총 116조 원이 투자되었다고 한다. 그런데 그중 54.5조는 다리, 도로 같은 사회간접자본과 연구개발비로 투자되었고, 나머지 61.1조 중에서도 33.8조는 융자금이니 실제 투자된 것은 27조 남짓인데, 이 또한 주머니에 들어온 직접 지원은 감질나는 수준이다. 상황이 이럴진대, "밑 빠진 독에 물 붓기"라는 평가는 허울에 불과하다.

농어업을 포기할 수는 없는 일이다. 우리의 영토인 농어촌에는 우리의 국민인 농어민이 살고 있고, 이들은 우리 모두에게 없어서는 안 될 식량 주권을 지켜내는 파수꾼이다. 농어업이 없는 나라가 없고, 농어업이 발전되지 못한 선진국은 없다. 선진국으로 가는 길목에서 우리의 농어업을 어떤 눈과 가슴으로 보고 있는지 진지하게 고민해볼 때이다. 공생과 착한 나눔의 시작을 위해 말이다. 중앙 정부에서 그려야 할 농정 역시 농식품부만의 농정이 아닌 중앙 정부 전체의 농정일 때만이 우리 농어업의 위기는 극복될 수 있다. 그리고 희극 같기만 한 비극적인 3농의 현실을 해결하고자 하는 대통령의 눈은 더 멀리 두어야 한다.

이렇듯 현실은 가혹하리만큼 어렵지만, 그렇다고 이대로 주저앉을 수는 없는 일이다.

얼마 전, 환갑의 나이에도 마을의 청년회장을 맡고 계신 농민 한 분을 만났다. "아니, 아직도 청년회장이시냐."라는 위로 섞인 말씀을 드렸더니, "마을을 위해 일할 수 있어 행복하고, 더 열심히 할 것"이라고 말씀하신다. 감동이었다. 마을, 그리고 일에 대한 애정은 둘째 치더라도 자기로부터 문제를 풀어가려는 자세는 나를 반성하게 하였다.

변하지 않으면 죽는다.

성공은 실패와 같은 말이며, 쓴맛은 단맛과 다르지 않다. "말이여 막걸리여?" 하는 분도 있겠지만, 몇 번을 곱씹어 생각해보기를 바란다. 그리고 모든 벽은 언젠가는 문이 되기도 하며, 그늘은 햇빛과 다르지 않다. 동전의 양면은 늘 같이 있고, 변화하는 모든 것 중의 하나가 우리이다.

고통이 없는 삶과 변화는 존재할 수 없다. 우리의 현실이 어렵다지만, 어려울수록 똘똘 뭉쳐지는 법이다. 다만, 버려야 할 태도가 있다. "잘되면 내 탓이요, 못되면 조상 탓"은 거창한 말로 베너펙턴스beneffectance 현상이라 하는데, 이러한 태도와 사고방식은 우리 충청도 할매들이 자주쓰는 말로 "개나 줘버려야 할 것" 아닐까?

우리 모두 잘 믹고 잘 살자고 하는 것이다. 이를 위해서는 자연과 그 안에 살고 있는 생명의 가치를 잘 지켜내는 것이 가장 중요하다. 그래서 농어업과 농어촌의 다원적 기능에 대한 국민적인 공감대를 바탕으로 안전한 먹거리를 생산하는 생명 산업, 환경을 지키는 녹색 산업, 삶터·일터·쉼터가 되어주는 농어촌을 만들기 위한 패러다임을 지속가능성에 두어야 한다. 그래야만 농어업·농어촌·농어민이 살고, 도시와 국민이 지속가능할 수 있다.

이제는 농어업의 가치를 제대로 일깨우는 농생 행보가 진정 필요한 시점이다. 농어업은 농어민만의 것이 아니며, 그래서도 안 된다. 결국 우리가 먹고사는 문제요, 식량 주권과 환경의 문제이며, 대한민국이 선진국으로 가는 길목에서 부족한 2%를 채우는 것이 농어업이기 때문이다.

곡물 자급률
23.1%의
불편한 진실

　2013년에 발간된 《농림수산식품 주요 통계》를 보니, 우리나라의 곡물 자급률은 23.1%, 식량 자급률은 47.2%이다. 곡물 자급률은 사람이나 가축이 먹는 곡물 중에서 국내산 비율을 말하며, 식량 자급률은 곡물 자급률에서 사료용을 제외한 나머지다. 사람이 가축을 키워 고기나 가공품으로 먹으니 식량 자급률이나 곡물 자급률은 결국 누가 먹느냐의 차이일 뿐 같은 개념이나 다름없다.

　우리나라에서 연간 수입하는 사료용 곡물은 1400만 톤 규모이며, 44.5%라는 식량 자급률의 거의 대부분을 차지하는 쌀 생산량은 420만 톤 규모이다. 쌀 생산량의 3~4배나 되는 곡물을 수입해 가축을 키우고, 그것을 먹고 있는 셈이다.

시장에서 요구하는 100% 중에서 23.1%만이 공급되니 수요공급의 법칙에 따라 부르는 게 값이고, 그야말로 대박일 테다. 수입만 없다 치면 말이다. 하지만 가격 좀 좋을라치면 노크도 없이 들어온 수입 농산물이 시장에 풀리니 쥐구멍에 볕들 날이 없다. 2011년에만 약 35조 원에 달하는 농산물을 수입했다. 같은 해에 농림업 총생산액이 43조 원 수준인 점을 고려해보면, 23.1%라는 초라한 성적표는 우리 농업의 뼈아픈 현실이다.

80.5%에 달했던 곡물 자급률이 40여 년 만에 4분의 1 수준으로 내려앉았다. 우리나라와 무역 '1조 달러 클럽'을 놓고 순위 경쟁하는 이탈리아도 약 70% 수준은 유지하고 있다. 곡물 위주의 식량 자급률 외에도 채소나, 과일, 가공식품 등을 포함하여 한국농촌경제연구원에서 산출하는 칼로리 자급률이 있다. 이 또한 1970년에 79.5%에서 2011년에 40.2%로 식량 자급률 추이와 큰 차이가 없다. 더 큰 문제는 턱 밑까지 와 있는 식량 문제를 가장 잘 알고 있을 정부 당국의 정책이 곡물 자급률의 하락 속도를 따라가지 못하고 있다는 사실이다.

우리가 23.1%를 제외한 곡물을 외국에서 수입해 먹을 수 있으려면 두 가지 조건이 전제돼야 한다. 첫째, 거래가 가능한 곡물이 있어야 한다. 그래야 시장이 형성되고 우리는 장을 볼 수 있다. 둘째, 곡물을 살 돈이 있어야 한다. 빈 지갑 들고 장을 보러 갈 수는 없지 않나. 그런데 오늘날의 곡물 시장 사정은 너무나 불안정하다. 어디는 홍수로, 어디는 폭염으로 이상해진 날씨에 농업 생

빠름과 편리함의 결과가 23.1%라면,
소가 먹는 곡물의 수요를,
더 나아가 사람이 먹는 고기의 수요를
관리해야 한다.

산량은 들쑥날쑥하며, 육류 소비량은 갈수록 늘어나고, 국제 곡물 시장은 몇몇 기업에 좌지우지된다. 울며 겨자 먹기로 사올 수밖에 없거나 달러가 충분해도 살 만한 곡물이 없을지도 모른다. 놀랍게도 북한의 식량 자급률은 2009년에 76.1% 수준이었다. 23.9%가 부족해서 저 난리를 치르고 있는 북한을 보며 우리의 위기가 어디까지 와 있는지 실감해야 한다.

우리는 지금까지 곡물 자급률을 높이려는 해법을 주로 공급 측면에서 찾았다. 외국의 곡창 지대에서 재배해 들여오는 방법이 대표적이다. 그러나 아직 실효성도 적고, 그들 자신도 먹을 것이 없는 상황이 닥친다면 어찌될지 장담할 수 없다.

그렇다면, 안정적인 공급선을 다변화하는 것도 필요하지만, 곡물의 수요를 관리하는 것이 훨씬 효과적이다. 출퇴근 시간에 차가 밀린다고 해서 그 시간만 지나면 한산할 도로를 끝도 없이 넓힐 수만은 없는 일이다. 곡물 자급률 하락의 주된 요인은 육류 소비가 늘고 가축 사육을 위한 곡물 수입이 증가했기 때문이다. 우리는 이 시점에서 어쩌다 소와 돼지가 옥수수를 먹기 시작했는지 되짚어봐야 한다. 물론 곡물을 먹이니 살이 빨리 찔 뿐만 아니라 애써 풀 베어 삶아주지 않아도 되니 농사일 또한 편해졌다. 하지만 빠름과 편리함의 결과가 23.1%라면, 소가 먹는 곡물의 수요를, 더 나아가 사람이 먹는 고기의 수요를 관리하는 방향으로 정책을 추진해야 한다.

더 중요한 것은 농어민 스스로가 국민에게 23.1%의 진실을 알리는 선생님이 돼야 한다는 점이다. 우리가 미처 눈을 돌리지 못하고 있는 곡물 자급률에 국가적 안위가 달려 있다는 사실을 손자에게 가르쳐야 한다. 이는 농어민 스스로가 이 나라를 지키는 파수꾼이라는 사명감과 자신감을 가질 때 비로소 가능하다. 그래야 한 고랑, 한 모에 의미가 생기고 농어촌에 신바람이 분다. 정부는 좋은 제도로, 국민은 쌈짓돈을 기꺼이 보태는 마음과 마음이 이어질 때 3농은 비로소 더 행복한 미래를 꿈꿀 수 있다.

식량을
못 지키면
주권도 잃는다

1인당 하루 쌀값 603원, 한 끼 쌀값 201원, 쌀값 1% 상승시 물가에 끼치는 영향 0.031%, 도시 근로자 가구의 월 소비 지출 중 쌀값 비중 2.3%, 중국산 쌀값 80kg(가마당) 약 2만 8000원, 미국산 쌀값 약 3만 1542원, 국산 쌀값 약 20만 원, 2001년 쌀 생산량은 4.9% 증가, 경영비 6.5% 상승에 가격 4.8% 하락으로 농가 소득 3.1% 감소 전망, 1970년대 농촌 가구의 쌀 소비는 1인당 연간 123.0kg에서 현재 139.9kg으로 증가, 도시 가구는 147.6kg에서 89.2kg으로 감소…… 이쯤 되면 도대체 우리나라에서 쌀농사를 왜 짓는지 반문하지 않을 수 없다. 다분히 경제적인 시각으로만 보아서는 그렇다는 얘기다.

본질적으로 우리나라에서 쌀은 단순한 경제재로만 볼 수는 없다. 쌀을 생산하는 논 농업은 단순히 국민의 먹거리를 생산하는 데만 국한되지 않고, 환경 보존, 홍수 조절, 농촌 공동체의 활력 유지, 경관과 문화의 보전, 특히 식량 안보와 식품 안전을 포함하는 다양한 비교역적 기능을 창출하고 있다는 점은 앞서 살펴본 바와 같다.

이와 같은 비교역적 기능 가운데 어찌 보면 가장 중요하다고 할 수 있는 것이 식량 안보 기능이다. 주지하다시피 쌀은 전통적으로 우리 민족의 주곡일 뿐만 아니라, 소비량이 줄고 있다고는 하지만 여전히 국민의 생명과 건강한 생활을 담보하는 필수재이다. 따라서 식량의 안정적 공급 기반을 확보하는 것은 국가의 기본적인 책무일 수밖에 없으며, 국가 존립의 필요조건이다.

1996년 11월에 개최된 세계식량정상회의에서는 식량 안보를 "모든 사람이 어느 때라도 활동적이고 건강한 삶을 위해 충분하고 안전하며 영양가 있는 식량의 확보가 물리적 경제적으로 접근이 가능한 상태"라고 정의했다. 그러한 식량 안보가 달성되기 위한 조건으로 식량의 가용성과 식량에 대한 접근성, 공급 안정성이 보장되는 가운데 지역 또는 국민의 식문화가 고려되어야 함을 강조하고 있다.

식량의 가용성은 한 국가 내에 충분한 식량이 존재해야 하며, 이는 국내의 식량 생산이 충분하거나 외국으로부터 수입이 가능해야 한다는 뜻이다. 식량에 대한 접근성이 보장된다는 것은 한

국가가 필요한 식량을 물리적·경제적으로 취할 수 있어야 한다는 뜻이다. 결국, 식량의 생산에서부터 소비 단계까지 흐름이 원활한 가운데 필요한 식량을 구입할 충분한 외화가 확보되어야 한다는 것이다. 또한, 공급의 안정성이란 한 국가가 어떠한 상황에서도 필요한 식량을 확보하여 국민에게 공급할 수 있는 조건을 뜻하는데, 이는 국제 곡물 시장의 안정을 전제로 한다.

이처럼 우리나라의 식량 안보 상황은 국내 적정 생산 능력의 유지와 수입 물량을 얼마나 안정적으로 확보하고 있느냐에 좌우된다고 할 수 있다. 그러나 국제 곡물 시장은 수출 규제 등의 무역 제재 조치, 주요 곡물의 수급 불균형과 국제 가격 급등, 기상 이변에 의한 생산 감소, 독과점적 공급 구조 등 불안정 요인이 상존하고 있다. 구조적으로 항상 불안정할 수밖에 없다는 것이다. 결국, 식량 안보의 가장 기본적인 축은 국내 생산 능력, 즉 농업·농촌을 얼마나 안정적으로 유지하는가가 중요할 수밖에 없다.

쌀의 과잉 공급 구조, 특히 재고 문제를 지적하는 사람들이 있다. 한때 문제가 되었던 쌀의 재고량 증가는 일시적인 현상이었으며, 식품 소비 패턴의 변화로 소비가 감소되었다지만 우리 국민 모두에게 균형 있는 쌀 소비가 이루어지고 있는 것도 아니다. 결식아동만 10만여 명이라는 사실이 이를 반증한다. 또, 언젠가는 이루어질 통일을 대비한 식량 수급 문제도 생각해보아야 한다. 일시적으로 쌀이 남아돌았다고 해서 이제 쌀 산업은 경쟁력이 없다느니, 규모를 축소해야 한다느니 하는 말이 얼마나 넘비 긁는 듯한 얘기인지 반문하지 않을 수 없다.

오늘날 식량은 무기와 다르지 않다. 우리가 즐겨 먹는 자포니카 타입의 쌀을 생산하는 나라는 미국, 중국, 호주 등 몇 나라에 불과하며, 세계 교역량도 2400만 톤으로 총공급량의 4.4%에 불과하다. 그렇기 때문에, 세계적으로 작황이 저조하면 우리는 돈이 있어도 쌀을 수입할 수 없게 되며, 그래서 국제 쌀 시장을 얇은 시장Thin Market이라 한다.

이나마도 대규모 곡물 메이저가 개입되면 국제 곡물 가격은 천정부지로 뛸 수밖에 없다. 곡물 메이저란 곡물의 저장·수송·수출입 등을 취급하는 세계적인 상사로 취급량과 독점도가 높은 기업을 말하며, 이들은 다국적 농기업, 곡물 대상사, 곡물 마피아로도 불린다. 과거에는 카길, 콘티넨탈그레인, 루이드레퓌스, 분게, 앙드레를 5대 곡물 메이저로 칭했는데, 1980년대 이후 미국계 곡물 회사인 ADM과 콘아그라의 곡물 취급량이 급격히 증가되고 있는 추세이다.

1976년 콘티넨탈그레인은 콩고민주공화국(당시 자이르) 정부가 곡물 대금 결제를 지연하자 밀 공급을 중단한 바 있는데, 이는 기업 이익 앞에서 기아 문제를 저버린 가혹한 사례였다. 그리고 1998년 카길은 북한에 아연과 구상 무역 형태로 밀 2,000톤을 수출하기로 계약하였으나, 북한의 아연 괴가 준비되지 않자 운송 중이던 밀 수출선을 공해상에서 돌려 다른 나라에 수출하기

쌀은 단순한 경제재가 아니라
공공재이자 안보재이며, 정치재임을
잊어서는 안 된다.
그래서 쌀 문제 해결에는
당사자도 방관자도 있을 수 없다.

도 하였다. 또한, 미국의 곡물 메이저는 1986년 케언즈 그룹(농산
물 수출 국가들의 모임) 결성에 500만 달러를 지원하고 케언즈 그
룹의 우루과이라운드 협상 초안 작성을 주도하기도 하였다. 우리
나라에서는 1972년 쌀의 흉작으로 쌀 가격이 3배 이상 폭등하자
RGA와 코넬은 에이전트 박동선과의 밀 계약을 통해 수출 커미션
920만 달러를 받았고, 또한 RGA와 코넬은 1980년 냉해로 한국의
쌀 생산이 격감하자 3배가량 가격을 올려서 판매 커미션 600만
달러를 챙긴 사례도 있다. 이처럼 미국을 중심으로 한 소수 곡물
메이저의 독과점적 구조의 심화 또는 시장 지배력의 강화에 의한
공급 통제 및 가격 인상 등은 우리의 식량 안보에 영향을 끼칠 수
밖에 없다.

이외에도 기후 변동, 수출 규제 등 국제 곡물 시장을 교란하
는 요인이 생긴다면, 달러가 있어도 적절한 식량 공급을 제한받
을 수밖에 없다. 일반적으로 안전 보장이란 좁게는 국민의 생명
과 생활의 안전을 보호하기 위한 군사적 방위 및 치안이며, 넓게

는 국민이 현재와 미래에 누릴 수 있는 생활을 보호하는 것이라 할 수 있다. 결국, 우리나라에서 식량은 가장 기본적인 물질적 토대인 동시에 안전 보장의 중요 축이 될 수밖에 없음을 간과해서는 안 된다.

식량, 특히 쌀의 중요함은 아무리 강조해도 지나치지 않다. 그러나 WTO를 위시한 농산물 수출국들의 강도 높은 개방 압력과 농업 생산의 불안정은 계속되고 있다.

그렇다면, 쌀 문제의 근본적인 해결을 위해서는 무엇부터 시작해야 할까? 물론 문제를 보는 관점에 따라 해법은 다르겠지만, 무엇보다 농가 소득을 안정시키는 것이 선결 과제가 아닌가 한다. 농민도 먹고사는 문제에서 자유로워야, 다시 말해 마음이 편해야 농촌을 지키며 농사를 잘 짓는 것은 당연지사이다.

이를 위한 대안으로 WTO의 허용 보조Green Box적인 직접 지불제Direct Payment System를 보다 확대·발전시켜야 하지 않을까 한다. 직불제는 WTO가 허용하는 보조금을 통한 소득 보장 정책이라는 측면에서 매우 바람직한 제도이다. 그래서 미국, EU, 일본, 멕시코 등은 직접 지불을 통한 수혜가 광범위하고 포괄적으로 이루어지고 있다. 단적으로 농업소득 중 직접 지불액 비중은 미국이 15%, 캐나다가 38%, EU가 50%에 달하고, 농업 예산 중 직불 예산 비중은 스위스 58.3%, 캐나다 42.6%, OECD 평균은 18%(1986~88년)에서 1996년에 23%로 상향 조정되었으며, EU는

33%, 미국 13.9%, 일본 6% 등이다. 특히 이들 국가는 현재 WTO 가 허용하는 소득 보조, 재해 보상, 이탈농 지원, 조건 불리 지역 지원, 환경 농업 지원, 생산 제한 지원 등 다양한 제도를 포괄적으로 적용하고 있다. 미국 쌀 농가는 ha당 수입이 1,299달러인데, 생산비는 1,671달러로 372달러 적자이다. 여기까지는 우리와 비슷하다. 그런데 미국은 쌀 농가에 ha당 520달러의 정부 보조금을 주니 ha당 148달러의 흑자를 내게 된다는 점이 결정적으로 다르다.

이미 우리나라에서도 도입하고 있는 직불제의 확대·발전은 산적한 농업·농촌 문제의 실마리를 푸는 단초로, 농가 소득 구조의 안정뿐만 아니라 국제 곡물 시장의 불안정성을 대비하고 식량 안보에도 크게 기여하고 있다. 또한, 세계 각국은 WTO를 새로운 다자간 무역 협상으로 발전시키자는 데 대부분 동의하고 있지만, 정치·사회적으로 민감한 농산물 협상은 국가 간 견해 및 입장 차이가 지속하고 있으므로 직불제의 확대 실시는 개방 압력의 파고 앞에서 우리 농업을 유지·발전시킬 수 있는 효과적인 방안이다.

어디 그뿐인가. 직불제의 확대는 농업이 발휘하는 홍수 조절, 토양 보전, 지하수 함양, 대기 정화 효과 등 다원적 기능을 더욱 발전시켜 국민경제적 편익 증대에 기여할 것이다. 그렇기 때문에 우루과이라운드 농업협정 제20조에서도 공정하고 시장 지향적인 농산물 무역 체제를 확립하려면 각국의 다양한 농업 형태가 공존할 수 있는 방향으로 추진되어야 하고 국가마다 생산 및 소비 구조가 상이하기에 농업 정책의 목표 역시 상이할 수밖에 없음을 강조하고 있는 것이 아닌가.

이제 우리 농정의 큰 틀은 상생의 논리가 시장 경제 체제에서 효과적으로 실현되는 방향으로 추진되어야 하며, 이는 농업과 쌀 문제 해결의 시금석이 될 것이다.

쌀은 단순한 경제재가 아니라 공공재이자 안보재이며, 정치재임을 잊어서는 안 된다. 그래서 쌀 문제 해결에는 당사자도 방관자도 있을 수 없다. 우리 모두의 문제이기 때문이다. 지금은 정부, 생산자, 소비자 모두의 지혜와 힘을 모아 식량을 지키고 주권도 굳건히 해야 할 때가 아닌가 한다.

지방이
살아야
나라가 산다

2013년 농림축산식품부 소관 예산과 기금의 총지출 규모는 15조 4118억 원이다. 전년도 예산 대비 35억 원이나 되는 엄청난 증액(?)이라 하나, 물가 상승률을 감안하면 감액과 다를 바 없다. 한없이 쪼그라드는 농어업 예산을 탓해본들 무슨 소용이 있겠는가. 다만, 모든 정책은 예산과 제도의 문제로 귀결되니 우리의 농어업 예산을 10원짜리 하나 허투루 쓰지 않는 살림꾼의 자세는 아무리 강조해도 지나치지 않다. 그런데 현재의 예산 구조와 집행 방식은 지방자치제도의 발전 속도를 따라가지 못하고 있고, 전체의 한 부분으로 지방의 발전에도 큰 제약이 되고 있다. 구조적으로 말이다.

대표적인 것이 직불제이다. 그리고 동생들이
할 일을 제대로 할 수 있도록 과감한 역할 분담이 필요하다.
지금은 그것이 맏형다운 모습이다.
지방이 살아야만 나라가 산다.

충청남도의 2013년 농수산 예산을 예로 들어 살펴보자. 충남의 전체 농림수산 사업비는 1조 1151억 원이며, 그중 업무 추진비, 유지 관리비 같은 경상비를 제외한 사업비 규모는 대략 1조 890억 원이다. 그중 국비가 전체 예산의 42.5%, 시·군비는 26.6%, 자부담이나 융자가 18.7%이며, 도비 비중은 1322억 원으로 총사업비의 12.1% 수준이다. 얼핏 보아도 국비 비중이 커도 너무 크다. 이러니 때가 되면 지방자치단체장은 정부 청사를 제 집 드나들 듯해야 하고, 국비 확보가 도지사, 시장, 군수의 능력을 평가하는 잣대가 된 지 오래이다. 더 큰 문제는 사업비 확보를 위해 너나없이 치열한 유치 전쟁을 치러야 하고, 일단 확보하고 보자는 식의 무리한 사업 추진은 개성 없는 성과주의와 전시 행정을 양산하는 것이다.

충남도가 지출하고 있는 농수산 예산 중 도비 1322억 원의 쓰임새는 어떤가. 많다면 많고, 적다면 적다. 어쨌거나 도비의 37.6%인 496억 원은 이런저런 국비 사업에 붙고, 시·군비에는

57.8%인 764억 원이 붙는다. 그러다 보니 도 자체적으로 하는 사업은 61억 원 규모로, 전체 사업비의 4.6%에 불과하다. 맏형한테 사정사정해서 막내 동생 잘 챙겨주는 구조니 지방에서 하고자 하는 사업보다는 중앙 정부에서 하고자 하는 사업에 치중할 수밖에 없는 구조이다. 필요 없는 사업은 안 받아도 된다지만, 행여나 괘씸죄로 눈 밖에 나지나 않을까 하는 걱정에 이러지도 저러지도 못하는 것이 현실이다.

농림축산식품부는 지방 농정의 맏형이다. 그렇다면 맏형이 해야 할 일은 제대로 하고 있나? 충남도민이 받고 있는 직불금은 쌀소득 직불금, 밭농업 직불금, 친환경농업 직불금, 조건불리지역 직불금, 경관보전 직불금, 벼재배농가경영안정 직불금까지 여섯 가지다. 물론 모두 받는 것은 아니다. 그중 쌀소득, 밭농업, 친환경농업 직불금은 전액 국비로 지원된다. 쌀소득 직불금이 1106억 원으로 가장 많고, 그 뒤로 밭농업 직불금은 58억 원, 친환경농업 직불금은 39억 원 규모이다. 그리고 국비에 도비, 시·군비가 합쳐져서 지원되는 것이 조건불리지역 직불금과 경관보전 직불금으로 각각 12억 원과 22억 원이다. 문제는 100% 지방비인 도비와 시·군비만으로 충당되는 벼재배농가경영안정 직불금이다. 이 직불금은 충남 도민이 발의해 만든 조례에 근거하여 현재 시행되고 있다. 그 예산 규모는 286억 정도로 도가 30%인 86억 원, 15개 시·군에서 나머지 70%인 200억 원을 부담하고 있다. 충남도 전체 농업 예산의 6.5%나 되는 것은 둘째 치더라도, 근본적으로 맏형이 해야 할 일을 동생이 떠안고 있는 꼴이다.

이런 구조적 문제를 혁신하지 않는 한 우리나라 농정은 끝도 없는 제자리걸음에서 벗어나기 어렵다. 고등학생이 다 된 동생한테 초등학교 때 옷을 입힐 수는 없는 일이다. 중앙 정부는 지방에서 하기 어려운 문제들을 큰 틀에서 묶어 우리의 3농이 지속가능할 수 있도록 기반을 조성하는 일에 치중해야 한다.

대표적인 것이 직불제이다. 그리고 동생들이 할 일을 제대로 할 수 있도록 과감한 역할 분담이 필요하다. 지금은 그것이 맏형다운 모습이다. 지방이 살아야만 나라가 산다.

변하지
않으면
죽는다

　"변해야 산다."와 "변하지 않으면 죽는다." 얼핏 비슷한 듯해도, 그 의미에 엄청난 온도차가 있다. 변해야 산다는 말은 좀 더 주체적이고 적극적인 데 반해, 변하지 않으면 죽는다는 말은 대단히 피동적이며, 수동적인 느낌이 든다. 사실은 변해야 좀 더 잘살 수 있으니 우리 모두 변해보자고 외치고 싶지만, 그것은 이렇게도 해보고 저렇게도 해볼 수 있을 때, 즉 선택할 수 있는 옵션이 그나마 몇 가지 있을 때 가능하다.

　하지만 지금, 여기 3농의 상황은 그리 녹록지 않다. 낭떠러지 끝에서 아슬아슬하게 버티고 있는 모양새다. 뒤로 물러설 수는 없으니 남은 선택 옵션이라고는 앞으로 밀고가는 수밖에 없는 일 아닌가. 그래서 변하지 않으면 죽는다고 말할 수밖에 없는 것이다.

사실 살아 있는 모든 것은 변화를 기본으로 한다. 변하지 않는 것은 존재 자체가 불가능하기에 변하지 않으면 죽은 것이다. 생물은 물론이며 흙이나 돌 같은 무생물도 형태와 내용을 무수히 바꿔가는 변화 앞에 서 있기는 마찬가지다. 중요한 것은 인간과 인간 간에, 인간과 자연 간에 맺어지는 수많은 관계 속에서, 그리고 500g도 안 되는 기름진 흙 속에서는 지구 전체에 사는 사람보다 많은 미생물의 관계를 바탕으로(데이비드 몽고메리, 2010) 세계는 변화하고 발전한다는 것이다. 그렇다. 모든 것은 연결되어 있고, 관계되어 있다.

3농혁신이 마주하고 있는 과제 역시, 3농의 관계를 어떻게 유기적으로 조화시키고 3농을 둘러싼 외부와의 관계 또한 어떻게 푸느냐의 문제가 아닐까? 변화해야만 한다는 절박한 상황 인식도 중요하지만, 어떤 방향으로 어떻게 변화할 것인지 길잡이 역할도 중요하다. 가야 할 길을 제대로 잡았다면 다음으로 중요한 것이 성과의 창출과 확산이다.

아침 댓바람부터 일어나 학교 갈 때까지 열심히 소꿉장난하는 초등학생에게 엄마가 한마디 한다. "뭐하느라 일찍 일어난 거야? 고작 하는 게 소꿉장난이야?" 이 말 저 말에 아이가 한마디 던진다. "놀 수 있을 때 놀아야지!"

서천에 사시는 어떤 이장님과 이런 이야기를 나눴다. "시간이 없어서 오늘 아침식사를 걸렀습니다." 하니 이장님 하시는 말씀이 "그러지 마, 평생 못 먹는 거야!" 내가 잠시 머뭇머뭇하니 이장님이 이러신다. "오늘 아침은 평생에 한 번만 오는 거잖아……."

두 가지 이야기를 통해 나는, 변화하지 않으면 도태될 수밖에 없는 우리 3농의 현실 앞에 놓인 시간과 기회가 그렇게 많지도 충분하지도 않다는 얘기를 하고 싶다. 그러니 첫 단추를 잘못 꿰면 풀었다 다시 꿸 만한 시간이 없고 첫 단추를 잘 꿰는 것이 매우 중요할 때이다.

그런데 우리의 농정 현실은 구조적으로 첫 단추를 제대로 꿰기에 그리 쉬운 구조가 아니다. 하루살이 같은 장관의 임기만 봐도 그렇다. 1948년 초대 농림부 장관은 죽산 조봉암이었고, 2014년 현재 농림축산식품부 장관이 61대이다. 66년 동안 61명의 장관이라…… 어림잡아 평균 1년에 한 명꼴이다. 1년 동안 뭘 할 수 있을까도 문제지만, 더 큰 문제는 짧은 임기 동안 물광 한번 제대로 내보려는 생각이다. 망치려고 시작했겠느냐 싶으면서도 오죽하면 세계 농정의 시험장이니 백화점이니 하는 오명이 붙었을까 싶기도 하다.

간간히 물어오는 "좋은 아이템 없나요?"라는 질문에 내가 항상 답하는 말이 있다. "캐비닛을 열어보세요. 그 안에 다 있습니다. 그리고 추진했던 정책들을 복기해보세요." 그렇게 얘기해도 꼭 "그러지 마시고, 좋은 아이디어 좀 주세요……."라고 되묻는다.

지금은 열심히 하는 것도 중요하지만,
더 중요한 일은 방향을 잘 잡고 가는 것이다.
시간이 걸리더라도 우리 모두가 공유하는
큰 방향과 밑그림을 그려야 한다.

쌈짓돈이라도 숨겨놓은 빚쟁이에게 묻듯이 말이다. 정말 답답해진다. 진짜 진짜, 그런 한 방이 없다는 것은 둘째 치더라도, 지금 여기서 나부터 문제를 풀어가겠다는 열정의 상실이 더욱 큰 문제이다.

3농혁신은 농어업·농어촌의 문제를 농어민이 주체가 되어 풀어보자는 것인데, 주어진 여건이나 상황이 어느 것 하나 녹록지 않으니 주어진 재원만으로 효과를 내는 것은 애당초 불가능하다. 그러니 주어진 재원을 가지고 얼마나 큰 효과를 낼 수 있을지 고민하게 된다. 조금 학술적인 개념으로 얘기하자면 승수 효과multiplier effect라고 할 수 있다. 승수 효과란 어떤 한 요인이 변화하면서 파급되는 효과가 곱절로 확산되고, 그런 과정에서 만들어지는 모든 효과를 뜻한다. 마치 눈덩이가 굴러가면서 덩치를 키우는 것과 같다. 100원 예산으로 사업을 했는데, 100원 아니 50원 정도의 효과밖에 내지 못한다면, 안 그래도 쪼그라들고 있는 농어업 예산은 그저 선심과 민원 해결에 치여 누더기 신세를 면치 못할 것이다. 100원 예산으로 500원 아니 1,000원이 넘는 효과를 낼 수 있어야 한다. 이때 효과는 경제적·가격 효과만이 아니라 비경제적·비가격 효과까지도 포함하고 있음을 간과해서는 안 된다. 쌀 20kg 1포대가 5만 원 정도에 거래된다고 해서 논농사를 통한 환경과 경관의 보존, 그리고 지역의 활력을 유지하는 비시장 효과까지 모두 합하여 5만 원이라고 얘기할 수 없는 이치와 같다.

첫 단추를 제대로 꿰려면 소통과 학습이 중요하다. 마음이 있으면 방법을 찾고, 마음이 없으면 핑계를 찾는다 했다. 더 이상 나올 한 방이 없는 판에서 중요한 것은 마음을 모아 하나로 동의하는 과정이며, 이것이 소통 아닐까.

가진 것 없이 맨주먹 하나로 앞만 보고 내달리던 1970~80년대의 대한민국을 이끌던 힘은 철저한 정신적 강제에 바탕을 둔 일사불란함이었다. 군대식이었다. 그런 방식으로 '무역 1조 달러 클럽'에까지 가입한 나라가 되었지만, 이제 구시대적 원동력만으로는 한계에 봉착했음을 직시해야 한다. 그래서 필요한 것이 소통이다. 위에서 아래로 하달하는 한 방향이 아니라 쌍방향 교류를할 수 있을 때만이 첫 단추가 제대로 꿰어지는 것이다. 농정과 대지의 주인인 농민과의 지속적인 소통은 정책 추진의 지속가능한 열쇠임을 잊지 말아야 한다.

학습은 모든 인간에게 평생 주어진 숙제이다. 학습學習은 말 그대로 배우고 익히는 것이다. 알지 못하니 배우는 것이며, 배우는 것보다 익히는 것이 훨씬 어렵다는 것을 우리는 잘 안다. 얼마 전 스웨덴의 자발적 학습 조직인 스터디 써클Studie främjandet에 관한 얘기를 들었는데, 인구는 900만 명 남짓하지만 무려 30만 개에 달하는 스터디 써클이 돌아간다고 한다. 정치와 문화, 스포츠 등 실로 다양한 스터디 써클 간의 융복합 또한 왕성하게 이루어진다. 이것이 스웨덴의 저력이 아닐까 싶다.

불리한 상황에 있을수록 무턱대고 덤비기보다는 숨을 고르고, 좋은 방도를 찾아내는 것이 우선이다. 교육과 학습이 다소 더디 간다고 하더라도, 이제 한번 잘못 꿰면 다시 시작할 기회조차 상실할 것 같은 우리 상황에서 학습의 중요성이야말로 아무리 강조해도 지나치지 않다.

지금은 찾아보기 어렵지만, 예전에 어느 초등학교나 운동장 한편에 있던 수돗가가 기억날 게다. 한바탕 공 차고 말뚝박기 하다 헐레벌떡 뛰어 달려가 입을 대고 틀면 콸콸 물이 쏟아졌던 그 수도꼭지 말이다. 그런데 어느 때부터인가 그 수도꼭지에서 물이 안 나오기 시작했다. 아니 나오기는 나오는데 한두 방울 똑똑 떨어져 감질만 날 뿐이다. 지금 우리의 현실과 너무 닮아 있다. 목은 타들어가고 있는데 많은 이들은 수돗가에서 팔짱낀 채 그저 웅성웅성할 뿐이다. 물론, 수돗물이 나오지 않는다는 사실도 모르는 사람이 더 많다. 수돗물이 나오지 않는다는 사실을 이들이 알게 되는 순간, 운동장은 온통 난리가 날 테다. 지금 우리의 상황과 뭐가 다를까? 그 운동장은 나라 전체일 수도 있고, 우리 마을이며, 내가 사는 아파트일 수도 있다. 이런 상황에서 물이 콸콸 쏟아져 마른 목과 대지를 적시려면 몇 가지의 전제조건이 필요하다. 첫째, 누군가는 손을 들고 나서야 한다. 마을 이장이나 촌부이든, 공직자나 연구자든 일단 뜻과 의지를 모아야 한다. 시간이 없다. 갓끈 매다 장이 파할 수도 있다. 둘째, 왜 물이 안 나오는지 문제의 원인을 제대로 찾아야 한다. 수도꼭지가 고장 났는지, 수도관이 막혔는지, 아니면 탱크에 물이 없는지, 그 원인을 잘 찾아야 한다. 그런데 지금까지의 관점으로는 한계가 크다. 지난 10년 동안의 초라한 성적표가 그 증거이다. 문제를 보고 파악하는 새로운 패러다임이 필요하며, 그것이 무엇인지도 우리는 잘 알고 있다. 우리 모두 무엇이 문제인지 공유했다면, 세 번째 필요한 것은 실행이다.

어떻게 해야 할까? 지금은 열심히 하는 것도 중요하지만, 더 중요한 일은 방향을 잘 잡고 가는 것이다. 시간이 걸리더라도 우리 모두가 공유하는 큰 방향과 밑그림을 그려야 한다. 언제나 나 혼자 잘 사는 것은 딱 그만큼이다. 우리 모두 함께할 수 있어야 하며, 나부터 나서야 한다. 지금 우리에게 더 이상 물러설 곳도 없지만, 앞으로 갈 일만 남겨놓고 있기도 하다. 긍정의 힘으로 대한민국의 미래를 짊어져보자.

3

충남, 3농혁신에서
길을 찾다

"3농혁신에서 길을 찾다"라는 말은 3농혁신을 통해 충남이 나아갈 방향을 찾기 시작했다는 뜻이고, 지난 몇 년 동안의 경험을 통해 어슴푸레하나마 그 방향을 찾았다는 뜻이기도 하다. 돌이켜보면, 2010년과 2011년은 3농혁신의 방향잡기에 몰두한 시간이었다. 열심히 하는 것도 중요하지만, 어떤 방향으로 갈지를 정하는 것이 먼저이고, 그래야 빨리 갈 수 있기 때문이다. 그렇다고 기존의 사업이나 당장 해야 할 일들을 소홀히 했다는 것은 아니다. 제대로 혁신하려면 닦고, 조이고, 기름 치는 기본에 충실해야 함을 우리는 누구보다 잘 알고 있다.

3농과 관련된 수많은 사람이 충남발전연구원의 문턱이 닳도록 넘나들면서 〈농어업·농어촌 혁신 기본계획〉을 만들어 대내외에 공표했다. 그렇게 신호탄을 올렸다. 2012년부터 기본계획을 뼈대 삼아 3농혁신이 본격 추진되었고, 2013년에는 현장 중심의 실천으로 살을 붙여갔다. 때를 가리지 않고 도지사와 3농 일꾼들이 모여 추진 상황을 점검하고 다시 가다듬으며 뜻을 모았다. 그리고 한 달에 한 번씩은 1박 2일로 '3농혁신대학'을 열었다. 각 분야별로 농어민, 전문가, 공직자 할 것 없이 한자리에 모여 머리를 맞대고 밤을 새워 토론했다. 도지사는 교장이기도 했지만, 결석 한 번 없었던 우등생으로 힘을 보탰다. 우리 모두는 다산의 고민을 안은 채 그 자리에 있었다.

다산의
삼농에서
배운다

서른 중반의 다산 정약용이 곡산부사 재임시 정조의 명을 받들어 자신의 흥농책을 기술한 것이 《응지농정소 應旨農政疏》이고, 여기에 삼농 三農의 뜻이 담겨 있다. 다산삼농 茶山三農이라고도 한다. 다산은 삼농을 편농, 후농, 상농이라 하였고, 이를 통해 농업 문제를 해결해나가야 한다고 피력하였다. 200여 년 전 다산의 농업에 대한 애정과 높은 통찰력에 깊은 존경심이 우러나온다. 편농 便農은 '편할 便' 자를 썼으니 편하게 농사를 지을 수 있도록 해야 한다는 뜻이고, 후농 厚農은 '두터울 厚' 자를 썼으니 소득이 높아야 한다는 뜻이다. 세 번째가 상농 上農인데, 이는 농사를 짓는 사람들의 사회적 지위가 높아져야 한다는 것이다.

가장 공감가는 대목이다.

> "농사를 짓는 사람은 논밭을 갖게 하고, 농사를 짓지 않는 사람은
> 논밭을 얻지 못하게 해야 한다. 농사를 짓는 사람은 곡식을 얻고, 농
> 사를 짓지 않는 사람은 곡식을 얻지 못하게 해야 한다. 수공업자는
> 자기가 만든 기구를 가지고 곡식으로 바꾸고, 장사꾼은 자기가 지닌
> 물건을 가지고 곡식과 바꾸면 아무런 걱정도 없다."
>
> — 〈1799년 전론田論 : 다같이 잘 사는 길〉, 노만수 엮음,
> 《이 개만도 못한 버러지들아》 중에서

어느 농업생명과학고(예전의 농고) 선생님께서 400여 명이 넘
는 학생을 모아놓고 "졸업하고 나서 뭘 하고 싶은가?" 설문조사
를 했단다. 대학도 가고, 농협에도 취업하겠다는 친구는 많았지
만, 직접 농사 짓겠다고 답한 학생은 단 한 명도 없었다. 불편한
진실이다. 소는 누가 키울겨? 왜 그러느냐 되물으니, 힘든 만큼
먹고살기가 만만치 않을뿐더러 면도 안 서기 때문이라 했다. 요
즘말로 체면 빠지는 일이라는 것이다. 다산삼농에 빗대자면, 우
리는 不편농, 不후농, 不상농의 시대를 살고 있는 것은 아닐까?
오늘날의 이런 현실을 다산은 무어라 말하실까? 건물은 하늘
을 찌르고, 몇날 며칠을 걸어서 가던 과거 길도 이젠 몇 시간이면
가는 시대가 되었는데도 예나 지금이나 변하지 않은 이 현실을
보고 말이다.

다산삼농에 빗대자면,
不편농, 不후농, 不상농의 시대를
살고 있는 것은 아닐까?

  이런 현실을 제대로 바꾸어보자는 것이 3농혁신이다. 그리고 충남은 3농혁신을 도정 제1의 목표로 삼았다. 농어업의 GRDP가 5% 정도에 불과한 충남에서 왜 농어업 문제를 도정의 최우선 과제로 정했을까? 이는 200년이 넘도록 변치 않은 不편농, 不후농, 不상농의 시대를 뛰어넘어보자는 의지이며, 3농혁신으로 편농, 후농, 상농의 세상으로 바꿀 수 있다는 믿음 때문이다.

  3농은 '농어업·농어촌·농어민'으로 다산의 삼농과는 다른 의미지만 농어민을 중심으로 정책을 추진하는 방법을 혁신하자는 점에서 그 뿌리는 같다. 3농은 그동안 따로국밥으로 추진되어왔던 정책, 즉 산업으로서의 농어업 정책, 지역 공간으로서의 농어촌 정책, 농어민에 대한 정책을 하나로 묶어 추진하자는 것이다. 그러려면 많은 사업이 낱알로 흩어 뿌려지는 것이 아니라 하나의 깔때기를 통해 잘 모아지고 융복합되어야 한다는 것이다. 지역 내에 존재하는 다양한 농업 관련 주체 간의 융복합이 필수적임은 두말할 여지가 없다.

  방향을 크게 다섯 가지로 잡았다. 첫째, 친환경·고품질 농산물의 생산 기반을 확충하고, 둘째, 지역 순환 식품 local food 체계를 구축하며, 셋째, 농어촌 마을을 살맛나는 삶의 터전으로 조성함과 아울러, 넷째, 도농 교류를 활성화하여 도시와 농촌의 상생 발전을 도모하고, 다섯째, 농어촌을 이끌어갈 사람, 지역 리더를 육성하는 것이다.

단순히 친환경농업을 한다고 해서 혁신이라 할 수는 없다. 세계 최고의 친환경 농산물 생산을 통해 소비자로부터 굳건한 신뢰를 얻고, 생산자는 협동적 방식으로 조직되며, 환경은 쾌적해져 도시민이 찾아오고 마을도 행복해지는 것, 이것이 혁신이다.

이렇게 되려면 농어민이 정책의 주인공으로 나서야만 한다. 여기에 농협이나 행정 등 다수의 조연이 뒤엉켜 만들어내는 쉼 없는 상호작용, 이것을 혁신이라 할 수 있지 않을까? 사업의 폭발력이 생겨나고, 예산의 힘이 아닌 사람의 힘으로 지속가능한 미래를 잉태해나갈 수 있지 않을까?

3농혁신을
도정 제1의
목표로 삼다

충남 민선 5기의 가장 큰 성과가 무엇이냐 묻는다면, "3농혁신을 도정 제1의 목표로 삼은 것"이라고 자신 있게 이야기할 수 있다. 2010년부터 줄곧 도정 제1의 목표로 3농혁신을 이야기했고, 지금도 그렇게 하고 있다.

도정 목표는 충남도가 처한 현실에 대한 객관적 분석을 통해 정치, 경제, 사회, 문화 할 것 없이 모든 영역에서 선순환 효과가 생길 수 있는 과제에 우선순위를 두게 된다. '우주 시대로 도약하는 충남'이나 '국제 섬유 산업의 메카' 하면 얼마나 뜬금없는 목표이겠는가? 충남의 현실에 눈높이를 두는 것이 가장 우선이며, 여기에는 지역적 불균형과 소외를 극복해야 하는 공공정책적 담론도 충실히 담아내야 한다.

농어업·농어촌·농어민의 문제를 민선 5기에서만 유별나게 내세운 것은 아니다. 사실 민선 4기까지 이어져오는 과정에서 농어업 정책이 소홀히 다루어진 때는 없었다. 3농의 중요한 가치에도 불구하고 농어업의 대내외적 여건과 경쟁력이 갈수록 취약해져서 발생하는 사회경제적 불평등을 바로잡아보고자 부단히 노력해온 것도 사실이다. 그러나 지방자치 20년이 지난 오늘날, 우리가 들고 있는 균형 발전과 자치의 성적표는 초라하기 짝이 없다.

끝도 없이 추락하는 3농의 현실을 목전에 두고 있는데도, 부분의 문제로 소홀히 했음을 솔직히 인정해야 한다. 우는 아이가 왜 우는지, 어떻게 다시 웃게 할 것인지 고민하기보다는 막대사탕 하나 물리고 잠시 조용하니 되었다는 식으로 3농 문제를 보아온 것은 아닐까? 3농 문제를 부분이 아닌 전체의 문제로 보고 혼신을 다해 풀어왔다면, 적어도 충남의 색깔과 스타일 정도는 분명 가졌을 것이다. 물론, 이는 우리 지역만의 문제가 아니라 대한민국 전체의 문제이다. 20년 전에 비해 달라진 것이라고는 줄어든 농어민, 논과 밭, 메말라가는 농심 같은 것뿐이다.

방향을 찾고, 사람이 모여 일을 하는 과정과 방식을 바꿔나갈 때만이 지난 20년 동안의 노력을 보상받을 수 있다. 도정 제1의 목표로 삼았다고 금세 성과가 나오고 부자가 되는 것은 아닐 터, 이제 한 걸음 뗀 것이며 길을 찾기 시작한 것이다. 그러기까지 1~2년도 아니고 무려 3년이 걸렸다. 진즉에 20년 정도의 긴 호흡으로 씨줄과 날줄을 촘촘히 엮어왔더라면 뭐가 되어도 되었으리라는 생각이다. 도지사와 군수가 바뀔 때마다 서로 다른 색과 스타일로 뜨개질을 했으니 색깔은 화려한데 전혀 어울리지 않은 누더기 옷이 되어버린 것이다. 3농혁신은 그렇게 하지 말자는 인식과 반성 위에서 시작되었다는 점을 다시금 강조하는 바이다.

3농, 우리 경제의 불씨

두 가지를 생각해보자. 첫째, 세계 8번째로 무역을 많이 하는 나라, 국민소득 2만 달러가 넘는 대한민국의 오늘이 농어업의 헌신과 희생 없이 가능할 수 있었을까. 둘째, 3농이 발전하지 않은 선진국이 없고, 3농을 소 닭 보듯 한 나라는 하나같이 사회경제적으로 심란한 상황에 처해 있다. 필리핀이 그렇고, 아이티도 그렇다. 결국, 대한민국이 진정한 선진국으로 가기 위해 부족한 2%는 3농의 발전 없이는 절대 불가능하다.

선순환이라는 말을 많이 한다. 어떤 하나를 제대로 풀면 톱니바퀴 물려 돌 듯 착착 돌아가는 모습을 만들어내는 것이 선순환이다. 성장과 발전의 결과물을 어떻게 지역과 주민에게 환원-순환시켜서 자립적이며 지속가능하게 할 수 있을 것인가의 문제이다. 우리 경제의 선순환이 이루어지는 데 필요한 산업이 바로 농어업 같은 1차 산업이다. 고기를 낚으려면 밑밥이 필요하고, 작은 불씨 하나가 광야를 불사르는 법이다. 농어업은 우리 경제의 밑밥이요, 불씨인 것이다.

한 가지 더 얘기하고 싶은 것은 농어업 정책이 농어민만을 위한 정책이 아니라는 점이다. 친환경농업 직불제를 예로 들어보자. 친환경농업을 하면 직접 지불금을 받는데, 논 농업을 유기농으로 재배하면 ha당 60만 원이다. 물론 지급 한도나 기간이 제한되어 있다. 이렇게 친환경농업을 육성하는 이유는 친환경 농산물이 건강, 안전, 신뢰라는 이름으로 모든 국민의 밥상을 책임지고 있기 때문이다. 더불어 환경도 보전한다. 따라서 농정은 농어민만을 위한 정책 같지만, 최대 수혜자는 국민 모두이다. 배고프다고 스마트폰을 뜯어 먹을 수는 없다. 3농은 우리의 기본적인 삶을 영위하게 하며, 오늘날의 대한민국을 만드느라 허리가 휠 대로 휘었다. 상생의 마음으로 좀 더 어려운 곳, 손 내밀지 않으면 곧 쓰러질 쪽으로 눈길을 돌려야 하는 것은 인지상정이다.

도지사의 진정성, 3농혁신의 힘

경제는 경세제민經世濟民에서 유래했다. 베틀로 천을 촘촘하게 짜듯이 세상을 조직하고 다스리며, 여러 사람이 가지런하게 손을 붙잡고 냇물을 건너게 해주듯이 백성을 잘 보살핀다는 뜻이다. 도정 목표 또한 이런 관점의 연속선상에서 유권자의 선택을 받는 선거 과정에서부터 공약이라는 이름으로 싹을 틔운다. 때문에 지방자치단체의 방향성은 자치단체장의 신념과 정치 철학에 좌우된다고 해도 틀린 말은 아니다. 그래서 시장과 군수, 도지사를 잘 뽑아야 지방 살림이 그나마 나아질 수 있고, 지역의 지속가능한 기반 역시 확충될 수 있는 것이다.

　도지사의 강한 신념은 3농혁신을 도정 제1의 목표로 삼았고, 베틀로 천을 짜는 그 마음으로 실천해나가고 있다. 농어민, 마을 지도자, 공직자 할 것 없는 많은 사람이 그런 도지사의 진정성에 동의하고 참여하는 과정이 지금의 3농혁신을 있게 한 원동력이 아닌가 싶다.

　"저는 김대중·노무현 정부의 중심부에서 일했습니다. 통상은 개방을 선택했고 자유무역협정 확대는 피할 수 없었지요. 이 때문에 농업은 위협받게 되었고, 버릴 것이 아니라면 생존법을 찾아야 했습니다. 예나 지금이나 농업은 지속가능한 국가 경제 발전의 보루이기 때문입니다. 역대 정부가 다양한 농업 정책을 편 이유도 여기에 있지요. 하지만 농업·농촌의 현실은 별로 나아진 게 없다고 농업인들은 말합니다. 3농혁신은 이런 반성에서 나왔지요. 골자는 정부 주도의 농정이 아닌 그동안 농정의 대상으로 여겨온 3농이 주체가 되어

각종 현안을 풀어보자는 겁니다."

—《농민신문》 인터뷰 (2013. 1. 13.) 중에서

'농촌의 어려움, 이대로 둘 수 없다'(2011.10.15. 한국벤처농업대학 특강) '3농혁신의 핵심은 소비자 신뢰를 쌓는 것'(2012.2.9. 농촌지도자 충남연합회장 이취임식 축사) '지역 문제, 주민이 주체적으로 고민하고 해결합시다'(2012. 5. 8. 보령시 호도 주민과의 대화) '풍요롭고 살기 좋은 마을, 농어촌의 지속가능한 발전 조건'(2013. 11. 1. 마을만들기 충남대회) 등 3농혁신의 길잡이 안희정 지사의 연설을 하나하나 살펴보니 제목 한 줄로도 그가 생각하는 3농혁신이 어떤 것인지, 건드려봐야 골치만 아픈 농어업 문제를 왜 도정 제1의 목표로 삼았는지 가늠할 수 있다.

도정 제1의 목표인 만큼 농의 위상도 많이 달라졌다. 회의만 해도 그렇다. 어떤 회의든지 시간은 짧고 할 말은 넘치는지라 제 시간에 끝나기가 쉽지 않은 법이다. 문제는 농 자 동네 순서가 항상 회의가 끝날 즈음이거나 시간을 훌쩍 넘어서야 돌아온다는 데 있다. 이미 배꼽시계는 울리고 있고, 긴 회의로 지친 사람들의 표정은 '빨리 빨리'로 역력하다. 그런데 요즘은 상황이 조금 달라져서 회의의 비중이나 랭킹에서도 3농혁신이 밀리지 않는다. 별것 아닌 듯하지만 은근히 기분 좋은 대목이다. 먼저 이야기할 수 있어서가 아니라 3농이 제자리를 찾고 있는 것 같은 소소한 기분 좋음이다.

농담조로 누군가는 꼭 볼멘소리를 한다. "우리 지사님은 3농밖에 몰라……." 이해는 하지만 전적으로 틀린 말이다. 도지사는 3농밖에 모르는 게 아니라 3농혁신을 좀 더 잘 아는 것이며, 다른 분야에서도 3농혁신을 통해 검증된 정책적 틀을 적용해나가고 있다. 3농의 소외를 극복하고 선순환에 주목하자는 시대적 담론을 제기하는 동시에 소상공인, 중소기업, 문화예술과 체육 분야에서도 3농혁신처럼 풀어보자고 제안하는 것이다. 3농혁신을 잘하는 것이 행정 혁신을 잘하는 것이며, 지방 분권의 가치를 꾸준히 높여가는 것이라는 의미에서 3농혁신은 좋은 정책 모델을 만들어가는 선발대이기도 하다. 3경(기업인, 소상공인, 골목상인) 혁신, 4S(장애인 체육, 생활 체육, 엘리트 체육, 학교 체육) 정책 같은 모양새로 서로 닮아가는 노력이 진정 행복한 변화의 길이 아닐까 한다.

전략적
방향과
과제

    우리의 서울은 전 세계 사람들 누구나 와보고 싶은 도시가 되었고 대한민국의 웬만한 국가 성장 지표들 역시 상위권에 올라 있다. 그럼에도 "우리는 진짜 행복한가?"라는 물음에 명쾌하게 답을 내놓지 못한다. 새벽부터 물꼬를 정리하고 잡초를 뽑았는데, 부채는 늘어만 가고 주머니에는 먼지만 쌓인다. 그동안 정부 주도로 다양한 농업 정책을 추진해왔지만 많은 한계에 봉착해 있다는 것도 사실이다. 그러나 우리는 알고 있다. 농어업 문제 해결 없이 대한민국 국민은 누구도 행복할 수 없고, 농어업과 농어촌이 잘 살아야 제대로 된 선진국이라는 것을 말이다. 그런 믿음으로 국민적 관심과 동의를 구하는 것이 3농혁신의 시작이라고 강조했다. 그렇다면 무엇부터 바꿔나가야만 가슴속에서 우러나는 국민의 뜨거운 박수를 받을 수 있을까?

뭐니 뭐니 해도 먹는 문제이다. "먹는 거 가지고 장난치면 벌받는다."라는 어른들의 말을 허투루 들을 일이 아니다. 단순히 배를 채우는 수단이 아니라 우리를 살게 하는 원동력이며 그것 자체가 수많은 가치를 담은 것, 그런 것이 먹거리다. 그러기에 국민 모두가 향유하는 최고의 농수산물을 만들고, 생산된 농수산물이 생산자-소비자에게 모두 합리적인 가격으로 유통되게 하며, 그런 농수산물을 생산하는 농어촌과 농어민을 국민의 힘으로 지키자는 것이 기본 뼈대가 될 수 밖에 없다.

이것이 3농혁신이 지향하는 일종의 어젠더agenda이다. 품질, 유통, 소비 혁신은 서로 맞물려 돌아가는 톱니바퀴처럼 어느 한 부분 소홀함 없이 추진되어야 할 기본이니 어젠더라는 거창한 말까지 붙여본다.

농어민의 소득을 높이려면, 뭐니 뭐니 해도 농수산물의 품질을 높이는 것이 기본이다. 교수는 강의와 연구에 충실해야 하고, 학생은 공부를 하며 게을리 말아야 하며, 농부가 생산하는 먹거리는 세계 최고를 자부할 수 있어야 한다. 농수산물의 안전성과 신뢰성을 바탕으로 눈길을 끌고, 손이 가는 상품의 생산, 그리고 이력을 공유하는 등의 노력이 필요하다. 갈수록 친환경을 고품질로 인식하는 소비자가 많아지고 있다는 사실만으로도 친환경적인 농수산물 생산은 선택이 아닌 필수가 되었다. 생산자로서 농어민의 품질 혁신이 강조되는 대목이다.

다음으로, 공급자로서 단결을 통한 시장 대응이 필요하다는 관점에서 유통 혁신을 이루어야 한다. 대한민국 농어업의 유통 문제는 어제 오늘의 일이 아니다. 재주는 곰이 넘고, 돈은 왕서방이 가져간다. 열심히 일해도 돈은 중간 유통업자가 버는 유통 구조를 혁신하지 않고서는 생산자나 소비자가 그만큼씩 손해 보는 굴레를 벗어날 수 없다. 그렇기에 작목반이나 지역의 영농조합법인이나 산지 유통 센터, 마을 기업 할 것 없이 생산자 조직 중심으로 단결해서 시장 질서에 적극 대응하는 노력이 중요하다. 생산자 조직의 단결력, 그것이 생사를 가름한다고 해도 과언이 아니다.

셋째, 소비자인 도시민의 착한 소비 없이 3농과 국가를 살리기는 불가능하다. 도시 소비자는 지역에서 생산된 농수산물을 먼저 선택하고, 농촌 체험과 학교 급식, 생태 교육 등을 더불어 느끼면서 자신이 속한 곳에서 관심을 기울이는 것이 중요하다. 이것이 생산자와 소비자가 모두 좋은 착한 소비다.

2013년 1월, 이러한 3농혁신의 어젠더를 보다 효과적으로 추진하기 위한 전략 마련을 위해 현장의 생산자를 중심으로 도지사와 여러 전문가가 모여 1박 2일 동안 밤샘 토론을 하였고, 그 결과를 5대 전략으로 정리하였다. 물론 이것은 느닷없이 나타난 것이 아니라, 지속적으로 해오던 사업의 평가를 통하여 만들어진 것이다. 돌이켜보면, 가장 많은 토론과 격론이 오갔던 1박 2일이 아니었나 싶다. 지금도 3농혁신의 나침반이 되고 있는 5대 전략의 주요 내용을 정리해본다.

친환경·고품질 농수산물 생산 기반 확충

친환경적인 방식으로 국민에게 안전과 고품질의 먹거리를 공급하는 것은 3농의 기본 책무이다. 그리고 안정적인 생산·공급시스템을 마련하는 것은 우리 농어업의 지속가능한 성장 기반을 갖추는 데 필수 요소이다. 이는 소비자가 요구하는 농수산물의 안정적 공급 체계를 구축하는 것이기도 하지만, 농어가의 소득 안정과 직결되기도 한다. 친환경·고품질 농산물의 생산-유통-판매 전 과정에 걸쳐 정책이 추진되기에 사업의 가짓수나 예산이 가장 많은 비중을 차지하고 있다.

분야별로 살펴보자. 일반 경종 분야에서는 최고급 쌀 브랜드인 청풍명월 골드 육성, 친환경 농산물 생산 기반의 광역화·단지화, 농산물 수급 안정을 위한 농산물 생산 정보 시스템 구축, 시설 원예 경쟁력 강화, 인삼 산업 세계화, 친환경농업 기술 지원 등을 꼽을 수 있다. 축산 분야에서는 자연친화적이며 자원 순환형 축산 시스템을 구축하는 것이 골자인데, 축산 농장 환경 개선 및 가축 분뇨 자원화, 축산물 유통 구조 개선, 명품 광역 브랜드 육성, 양질 조사료 공급 기반 확충 등이 있다. 수산 분야는 지역 특성에 기반을 두어 바지락, 갯벌참굴, 김, 해삼을 중심으로 4대 명품화 단지를 조성하고, 지천 100리 금강 목장화, 관광이 함께하는 어항 기반 시설 확충 등을 중점 사업으로 설정하였다. 그리고 임업 분야는 친환경 임산물 육성을 위하여 수요자 중심의 다각화한 친환경 임산물 생산 기반 조성, 전문 임업인 육성, 희망 산촌 만들기, 임산물 브랜드화 추진을 주요 내용으로 하고 있다. 이뿐만이 아니다. 농업 생산에 큰 영향을 미치는 것 중 하나가 물 문제이다. 삽교호 수질 개선을 비롯하여 용·배수로 현대화, 기계화 영농 기반 조성 등으로 기초체력을 향상하고 영농 편의 및 생산성 향상을 도모하는 사업들도 담고 있다.

주목할 만한 몇 가지 성과도 있다. 무엇보다 친환경 농산물 재배 면적이 2010년에 1만 5513ha였던 것이 2011년에는 1만 5950ha로 증가했다는 점이다. 2012년 7월부터 연기군, 공주시 일원이 세종시로 편입되면서 1만 4554ha로 면적이 감소되기는 하였지만, 지속적인 생산 기반 확충 노력의 의미 있는 성과라고 생각한다. 또한, 충남 광역 브랜드로 '청풍명월 골드'를 육성하고 있는데, 밥맛이 좋은 '삼광'을 단일 품종으로 하여 1등급 고품질 쌀 재배 단지를 조성하였다. 농협 하나로마트, 홈플러스, 롯데슈퍼 같은 대형매장에 입점하는 등 전국 판매망 또한 구축하였다. 이런 노력들이 전국 쌀 생산량 1등 충남을 만들었고, 한때나마 수량만 많고 밥맛은 떨어지는 충남 쌀이라는 이미지를 바꿔나가고 있다. 2010년만 해도 주남, 호품 같은 다수확 품종에 비해 밥맛이 좋은 삼광의 생산량은 10%가 채 되지 않았는데, 2014년에는 20%를 넘어서고 있다. 더욱 의미 있는 것은 친환경 농법 확대와 품종 전환으로 화학비료 투입량이 감소했다는 점이다. 2010년에 단보당 투입량이 전국 1등이었는데, 2014년 들어 5등으로 내려앉았다. 그러면서도 단보당 생산량이 전국에서 가장 많은 것을 보면 충남의 농부들이 뿌린 땀의 성과에 절로 머리 숙여진다. 임업 분야에서는 산채 재배를 통한 희망 산촌 만들기를 추진하였는데, 2011년에 1,401임가에서 5,716톤을 생산하던 것이 2013년에는 1,789임가에서 6,328톤을 생산, 출하하였다. 면적이나 생산량의 양적 증가도 중요하지만, 사업을 통하여 생산 농가가 조직되고 이를 기반으로 시장 교섭력이 커진다는 점에 주목해야 한다.

지역 순환 식품 체계 구축과 유통 구조의 선진화

'지역 순환 식품'은 우리가 익히 잘 알고 있는 로컬푸드Local Food의 다른 말인데, 이보다 좋은 말이 뭐 없을까 하고 머리에 머리를 짜내 만들어낸 말이다. 3농혁신의 두 번째 전략은 지역 순환 식품으로 소비자에게는 건강한 먹거리를 제공하고 생산자에게는 부가가치와 일자리를 늘리자는 것이다. 이를 위해서는 지역에서 생산된 농수산물의 촘촘한 지역 내 유통 구조를 만드는 것이 핵심이다. 지역 생산, 지역 우선 소비를 기본틀로 하는 식품 체계를 만들어 생산자와 소비자는 물론, 도시와 농촌이 유기적으로 연결되니 모두에게 이익이다.

산지 유통의 체계화·규모화를 위해서는 생산자 조직 중심의 산지 유통 시스템 구축과 시장 교섭력 강화가 이루어지지 않으면 안 된다. 이를 위해서 필요한 사업이 통합 마케팅과 공선출하 조직 육성, 광역 브랜드화 등이다. 지역에서 생산된 농수산물을 우선 소비할 수 있도록 하기 위한 첫 단추는 학교 급식으로부터 풀기로 했다. 학교 급식을 중심으로 지역 식품이 지역 내에서 생산, 소비될 수 있도록 하는 시스템을 마련하는 것이다. 이와 함께 농산물 도매 시장 시설 현대화, 신선 농수산물과 가공식품 수출 확대를 통한 대외 경쟁력 제고 등도 비중 있게 추진되는 사업이다.

이 분야에서 주목할 것 중 하나는 농어촌 마을 기업과 농어업식품 산업 육성을 목적으로 생산·가공·유통·교육·문화를 융복합하여 추진한다는 점이다. 여러 가지 요소가 제대로 융복합되려면 행정의 지원보다 선행되어야 할 것이 주민과 마을의 자발성이다. 이런 마을 기업을 특별히 두레기업이라 이름 붙였는데, 나 혼자만이 하는 기업이 아니라 마을 주민이 공동으로 출자하여 일과 이익을 나누는 기업을 만들어간다는 것이다. 그런 두레기업 '미녀와 김치'가 2014년 청양에서 문을 열었고, 구기자 토마토를 앞세운 젊은 농부 유홍렬의 두레기업도 시작을 앞두고 있다.

지역 순환 식품 체계의 중심, 학교급식지원센터를 빼놓을 수 없다. 현재 당진시, 아산시, 홍성군, 청양군에서 학교급식지원센터를 운영하고 있다. 생산 농민과 학교, 학부모, 행정 등이 민·관 거버넌스를 구성해 식재료를 총괄 공급·관리하는 학교급식지원센터를 전 시·군에 만들자는 것이다. 물론 개수는 목표가 아니다. 지역과 학교를 연결하는 데 정책적 목표가 있으며 지역의 특성과 수준을 고려하여 추진한다는 점 또한 분명히 하고 있다. 갈수록 열악해지는 영세 소농에게는 계약 재배를 통한 안정적 판로를 제공하고 학생들에게는 신선하고 안전한 농축산물 및 가공품을 공급하며 시·군이 직접 물류·유통을 관리함으로써 공공성의 신뢰를 형성하는 것이 핵심이다. 그중에서도 홍성군 직영 학교급식지원센터는 2014년 3월에 문을 열었고, 모든 학교에서 사용되는 식재료 전 품목을 공급하고 있다. 여러 이해당사자 간의 합의를 모으는 데 적지 않은 시간이 걸렸지만, 그만큼 좋은 평가를 받고 있다. 친환경 농산물 사용 비율만 하더라도 그렇다. 센터 설립 이전에는 24% 수준에 불과하던 것이 설립 후에 68%로 3배 가까이 증가했다. 과거에는 홍성 지역에서 생산한 농산물이 학교에 납품되기 어려웠지만, 지금은 지역 농산물 비중이 60%나 된다. 그리고 읍내에서 멀리 떨어진 작은 학교나 읍내에 있는 큰 학교 할 것 없이 식재료 가격은 물론 품질까지 똑같다. 실로 놀라운 성과이다. 당진 학교급식지원센터는 14개 농협과 협력하여 전국 최초로 지역 내 89개 모든 학교의 식재료 전 품목을 일괄 공급하고 있다. 앞으로 학교급식지원센터는 학교 급식에 한정되지 않고, 공공 급식 및 기업 급식은 물론, 지역 내 농수산물의 안정된 유통 거점으로 성장해나가는 것을 목표하고 있다.

이외에도 토마토, 밤, 깻잎 등 품목별로 광역 유통 시스템을 구축하여 생산자가 주체가 되는 산지 유통 시스템을 구축하고 있다. '충남오감'이라는 브랜드도 만들었다. 이것은 곧 산지 유통 주체의 규모화, 전문화를 도모하여 시장 교섭력을 강화하고자 하는 것이다. '충남 농산물 생산 정보 시스템' 구축은 가을무, 가을배추, 고추 등을 대상으로 농산물 재배 의향에 따른 관련 정보 등을 제공하여 당해 연도 작목 선택 및 경영 안정에 도움을 주고 있으며, 가격 등락폭이 큰 여러 작목으로 그 범위를 확대해나갈 계획이다.

살기 좋은 마을 만들기

농어촌 마을을 자연과 생태가 조화되는 삶의 터전으로 주민 스스로 만들어나가자는 전략이다. 대규모 기업농만으로는 모두 함께 잘 사는 농어업과 농어촌 미래, 아이들 웃음소리가 끊이지 않는 농어촌을 만들어낼 수 없다. 따라서 잠자고 있던 유·무형의 마을 자원을 발굴하고 마을 공동체를 중심으로 아름다운 마을 경관을 만들어나가자는 것이다. 이와 연계한 마을 만들기의 다양한 메뉴들이 있는데, 이를 무조건적으로 적용하는 것이 아니라 단계별로 역량을 강화해 추진하자는 것이 핵심이다. 일종의 수준별 맞춤형 방식이다.

충남에는 행정 단위로 4,279개 마을이 있다. 문제는 마을마다 각기 다른 특성 때문에 획일적인 계획 추진은 애당초 불가능하다는 점이다. 마을은 고령화로 활력을 잃어가고, 빈집이 늘어가는 현실에서 정작 중요한 것은 멋들어진 계획과 그림이 아니다. '한번 해보자'라는 생각이 우선이다. 따라서 동기 부여와 역량 강화를 통해 주민 스스로 자기 마을의 발전 계획을 수립할 수 있도록 전략적으로 지원하는 것이 이 사업의 핵심이다. 그래서 우선 추진한 것이 개략적인 수준이나마 충남 전체 마을에 대한 자원 조사를 실시한 것이었다. 그 결과를 토대로 마을 특성 및 역량 수준에 따라 전략적 마을 만들기를 추진하는데, 초보 수준의 일반 마을은 역량 강화 중심 사업을, 관심 수준인 새싹마을은 소규모 단기 사업을 추진해보고, 좀 더 역량이 있다고 판단되는 꽃마을은 권역 단위 종합개발을, 마지막으로 여러 사업의 경험과 성과를 축적한 열매마을은 소득 사업에 초점을 두고 지원하는 것이다.

마을 만들기는 마을 기업과 같은 6차 산업화와 깊은 연관을 가지고 추진된다. 따라서 마을 내에서의 생산·가공·유통·체험·문화가 융복합된 충남형 농어촌 6차 산업화 추진을 위하여 앞서 얘기한 '미녀와 김치'나 '돼지카페 마블로즈' 같은 자립 모델을 마련하였다. 농어업 6차 산업화를 성공적으로 추진했다 하여 농식품부에서 501억 원이나 되는 광특사업비도 받았다. 이 또한 좋지 아니한가.

도농 교류의 활성화

3농혁신의 네 번째 전략은 도시와 농촌의 상생 발전을 위해 도농 교류를 활성화하자는 것이다. 농촌이 우리 모두의 고향이자 생명의 뿌리라는 가치를 국민적 차원에서 인식하려면 백문이 불여일견이다. 대한민국이 진정으로 행복한 나라가 되려면 도시와 농촌의 소득 격차가 좁혀지고 상호보완하면서 발전하는 도농 상생 발전의 길을 열어가야 한다. 농촌은 도시민에게 풍요로운 자연 환경과 아름다운 경관을 자산으로 재충전과 활력을 주고, 도시민은 농어촌 마을과 결연을 맺고 인근 지역의 농산물을 우선 소비해 농어촌에 활력을 불어넣을 수 있다. 국민의 손으로 농촌을 보듬을 때만이 희망이 생긴다.

도농 교류를 활성화하려면 도시민의 체험 휴양 공간을 조성하고 내실화된 프로그램을 통하여 만족도를 높이는 것이 우선이다. 이와 함께 대도시·지자체·민간 단체와 농촌 마을 간 자매결연 확대, 경제 단체, 종교·사회 단체, 소비자 단체와의 협력 사업 전개 등 사회운동적 성격을 가지고 추진할 필요도 있다.

도농 교류의 활성화에서 중요한 것은 여러 사업 주체 간의 거버넌스 협력 체계를 구축하는 것이다. 실제로 3농혁신을 하다 보니, 3농과 관련된 사업 주체가 매우 다양하고 복잡하게 존재하고 있다는 것을 알게 되었다. 각각의 이해관계 속에서도 생각이 있으면 길이 있는 것처럼 3농에 대한 애정은 그리 다르지 않았다. 그래서 철도 이용 농어촌 체험 관광객 유치 MOU, 농어촌응원운동본부, 서울시와 우호 협력 사업 협약 체결을 맺을 수 있었다. 이외에도 충남도, 체험 마을 협의회, 코레일 등이 역할 분담을 하고, 철도 관광 상품을 개발하는 등 체험 관광객 유치를 확대해나 갔는데, 농어촌 체험 마을 방문객을 보면, 2011년에 82만 명 정도 에서 2012년에는 120만 명으로 증가한 성과가 있었다. 이것이 개 미처럼 일하고 협력하여 만들어낸 거버넌스의 힘이 아닐까 싶다. 어마어마한 개미탑을 만드는 힘 말이다.

도농 교류는 도시와 농촌을 이어내고 서로를 이해할 수 있도 록 하는 데 효과가 크다. 그것은 체험과 경관 그리고 정서의 교 감을 통해 교육되는 요소가 많기 때문이다. 그런 의미에서 마을 과 학교가 이어지는 도시 학교 '텃논' 조성은 3농혁신의 대표적 인 아이콘이 아닌가 싶다. 충남의 친환경농업인이 주도하여 매 년 100개 도시 학교에 학교 텃논을 조성하는데, 5월부터 10월 중 순 가을걷이까지 아이들은 벼가 자라 쌀이 되는 과정을 지켜보면 서 생명과 농업에 대해 생각하는 계기가 된다. 농업의 교육적 가 치를 제고하는 바람직한 도농 교류의 모델이 아닌가 싶다(38~39, 154~155쪽의 편지가 충남의 친환경농업인과 함께 텃논을 조성한 서울 흥인초등학교 학생들이 보낸 것이다).

지역 리더 육성

3농혁신의 다섯 번째 전략은 지역 리더를 육성하는 것이다. 역 시 모든 문제는 우리의 문제, 사람의 문제로 귀결되기 때문이다. 사람이 행복하지 않은, 사람 없는 농촌과 마을은 존재할 수 없기 때문이며, 사람 속에서 살고 배우고 있기 때문이다.

농어촌의 미래를 담보하기 위한 지도자의 역할은 그 어느 때보다 중요하며 시급한 과제이다. 따라서 청년 농업인, 농협, 영농조합 법인 등 생산자 단체의 횡적 네트워킹이 왕성하게 이루어져야 한다. 열정과 신념을 담아 추진해오고 있는 3농혁신대학, 4-H 소통 아카데미, 귀농귀촌 대학 등이 불씨가 되어 군불을 지피고 있다.

지역 리더 육성을 위해 빼놓을 수 없는 것이 교육 프로그램이다. 2011년까지만 하더라도 당시 농수산국, 농업기술원, 각 시와 군에서 새해 영농 교육부터 품목별 심화 교육까지 수많은 교육 프로그램을 운영했다. 문제는 그 많은 교육 프로그램이 산발적으로 운영되어서 효과는 떨어지고 정작 수요자에게 꼭 필요한 교육이 이루어지지 못한다는 점이다. 예비군 훈련이나 다름없는 반강제적 교육은 오히려 배움에 대한 반감만 키우는 법 아니겠나.

그래서 먼저 시작한 것이 농업기술원으로 교육 체계를 집중하고, 충남발전연구원에서는 다양한 교육 운영 프로그램을 연구, 제안하도록 하는 역할 분담이었다. 역시 핵심은 지역 리더를 중심으로 지역 문제를 주민 스스로 고민하고 해결해나갈 수 있도록 농어촌 주민의 역량을 강화하는 것이었다.

또한, 지역에 사람이 오도록 하는 적극적인 노력으로서 농업기술원이 중심이 되어 민관 협력형 귀농귀촌 종합지원센터를 운영하였다. 귀농 희망자 조사, 관련 정보 수집 지원, 귀농귀촌 종합 상담 등의 역할을 수행하는데, 충남의 15개 시·군에 센터를 두고 있다.

이제는
실천이다

　몇 해 전의 일이다. 학생들에게 시간 참 빠르다면서 "옛날얘기 하나 해줄까?" 하니 다들 지루한 강의보다는 낫겠거니 하면서 해달란다. 그래서 국민학교 시절 전교생이 깡통 하나씩 차고 산에 올라 송충이 잡던 얘기를 해주었다. 깡통을 채우지 못하면 꽤나 심란한 하루가 된다는 말도 덧붙였다. 다들 정말이냐고 호들갑에, 믿을 수 없다는 반응이었다. 문득 생각해보니, 요새 송충이 본 지 오래이다. 점점 사라져가는 것이 한두 가지가 아니구나 하는 생각이 든다. 그 흔하던 동네 어귀의 쌀집도 없어졌고, 쌀집만큼이나 많던 사진 현상소도 자취를 감춘 지 오래이다. 세상은 참 빨리도 변화한다.

불현듯 우리가 말하는 진짜 농업 역시 멸종될 수도 있다고, 말도 안 되는 데까지 생각이 번져나간다. 속속 체결과 발효를 목전에 두고 있는 FTA를 보면서 드는 요즘의 심경이다. 그 많던 제비가 도시를 떠나 다시 돌아오지 않듯이 우리 농업도 천천히 그렇게 되지는 않을까 하는 걱정이 찌뿌둥한 날씨만큼이나 무겁게 누른다.

이제는 멀지 않은 우리 농업의 미래를 진지하게 따져봐야 한다. 피해는 어느 정도일지, 어떤 분야가 어려워질지 등등 잘 따져보아야 할 것이 많다. 우리 농산물과 외국산 농산물이 거래되는 시장에서 소비자의 선택은 어디로 기울지 생각해보아야 한다. 이와 비슷한 경험을 했던 적이 있다. 양담배(외산 담배)의 경우이다. 양담배가 대한민국에 상륙하던 때를 기억하는 분이 많을 테다. 양담배 수입 개방에 대한 날선 찬반이 있었고, 시장 점유율에 대한 많은 분석도 있었다. 수많은 잎담배 생산자를 업은 전매청(지금의 KT&G)과 다국적 담배 회사와의 한판 전쟁이었다. 그때만 하더라도 양담배 피우면 마치 매국노 취급을 당하던 시절이었다. 그러나 양담배는 고작 20여 년 만에 소비자 주머니로 성큼 들어왔고, 개방 당시만 해도 10%대에 머무르리라 낙관하던 시장 점유율은 어느덧 40%대를 훌쩍 넘어섰다. 문제는 높아진 양담배 시장 점유율에만 있는 것이 아니다. KT&G는 담배 경쟁력을 갖춘다는 이유로 2001년까지만 해도 71%였던 국산 잎담배 사용 비율을 26%까지 낮추고, 외국산 잎담배 사용 비율을 74%

로 점진적으로 늘려갔다. 이유는 단순하다. 국산 잎담배가 외국산에 비해 3배나 비싸기 때문이란다. 우리에게 시사하는 바가 정말 많다.

한·EU FTA, 한·미 FTA, 그리고 한·호주 FTA 등 개방의 파고에 직면한 우리 농업이라고 이와 다를까? 물론 FTA 초기에는 당분간 고율 관세가 유지되니 나름 경쟁한다 하겠지만, 물량으로 들이대는 데 당할 도리가 없을 게다. 그나마 허용된 범위에서 제아무리 관세를 붙여본들 막대한 농업 보조금과 낮은 생산비를 앞세운 가격 경쟁에 무엇으로 맞설 수 있을까? 그뿐인가. 수출국도 바보가 아닌 이상에야 고품질은 기본이며, 엄청난 광고를 통한 공세는 불을 보듯 뻔하다. 미국산 소가 마블링으로 무장하고, 청정 이미지로 우리 시장을 이미 접수해나가고 있지 않은가. 결국, 관세 장벽이 하나둘 모두 무너질 십수 년 이후 우리 농업은 그야말로 실오라기 하나 걸치지 않고 엄동설한의 길바닥으로 내몰리는 꼴이나 다름없을 테다.

허나 지난 반만 년 한반도를 살려왔던 우리 농업을 포기할 수야 있겠는가? 농업을 포기한 나라, 식량 주권이 없는 나라는 결국 식민의 삶을 살 수밖에 없다. 미국과 유럽의 나라들은 왜 그렇게 농어업에 천문학적인 지원을 하는지, 그리고 왜 그렇게 자국의 농어업 생산 기반을 지키려 노력하는지 곰곰이 생각해봐야 한다.

충청남도는 우리나라에서 세 번째로 농업 규모가 큰 지역이다.

마치 말기 암 환자에게 두통약 한 알 처방한 심정이지만,
우리가 희망의 끈과 실천을 아끼지 말아야 할 분명한 이유는
3농이 우리 미래의 명운을 걸머지고 있기 때문이다.

농어업에 종사하는 사람들도 충남 인구의 약 20% 정도나 차지하고 있다. 민선 5기 충남도의 대표적인 전략 과제를 3농혁신으로 정하고, 도지사는 앞으로 3농혁신을 잘했는지 못했는지로 충남 도정을 평가받겠다고 했다. 도의 싱크탱크인 충남발전연구원에서도 농어업·농어촌 연구에 밤이 늦도록 불이 꺼지지 않았다. 지난 2011년 1월에는 생산자를 중심으로 소비자와 전문가들이 모여 농어업·농어촌특별위원회를 만들었다. 그리고 〈농어업·농어촌 혁신 기본계획〉도 수립하였다. 민선 5기 출범 이후 1년 반 만에야 비로소 3농혁신을 모내기하기 위한 모종이 마련된 셈이다.

이제 뜻을 모았으니 남은 것은 참여와 실천이다. 아무리 생각하고 생각해도 대안은 신뢰와 품질밖에 없다. 마치 말기 암 환자에게 두통약 한 알 처방한 심정이지만, 우리가 희망의 끈과 실천을 아끼지 말아야 할 분명한 이유는 3농이 우리 미래의 명운을 걸머지고 있기 때문이다.

중요한 점은 변화가 느껴지기 시작한다는 것이다. 내가 어디에 있느냐가 중요한 것이 아니라 왜 여기에 있느냐가 중요하며, 무

슨 일을 하느냐보다는 왜 하느냐가 중요하다. 뭔가 죽도록 하면, 잘될지 안 될지는 모르겠지만 죽지 않는다는 것은 확실하다. 그래 열심히 해보자.

언젠가부터 모임을 시작하기 전에 우리의 간절한 뜻과 마음을 모으는 과정이 필요했다. 여러 사람의 고민과 제안을 통해 '3농혁신을 위한 결의'라는 글을 만들었다. 우리가 가져야 할 태도와 더불어 다섯 가지 전략적 방향을 담은 것이다.

3농혁신을 위한 우리의 결의

농어업은 국민의 먹거리를 책임지는 뿌리 산업이고, 농어촌은 국토와 환경을 보전하는 삶의 터전이며, 농어민은 식량 안보와 전통문화를 지키는 파수꾼이다. 이에 우리는 농어업, 농어촌의 발전 없이는 대한민국의 지속가능한 미래도 없음을 인식하고 나로부터 시작되는 '3농혁신'을 위하여 다음과 같이 결의한다.

하나, 우리는 친환경 고품질 먹거리를 생산하여 국민의 건강을 지키고 환경을 보전한다.

하나, 우리는 지역에서 생산되는 우수 농수산물을 우선적으로 소비하고 합리적인 유통 체계를 구축한다.

하나, 우리는 농어촌을 쾌적하고 살기 좋은 공간으로 가꾸고 자랑스러운 전통문화를 발전시킨다.

하나, 우리는 도농 교류를 활성화하여 생산자와 소비자, 농어촌과 도시의 상생 발전을 도모한다.

하나, 우리는 우리 스스로 지역 공동체 발전을 위하여 인재를 육성하고 역량을 강화한다.

'3농혁신 이제는 실천이다'를 대내외에 선포하는 '3농혁신 전진대회'를 2013년 2월 15일 충남 문예회관에서 개최하였다. 전진대회에 참여했던 충남발전연구원 박경철 박사가 자신의 블로그에 올린 글을 어렵게 허락을 구해 싣는다.

어제 충남 내포로 새로 이전한 충남도청 문예회관에서 3농혁신 전진대회가 있었다. 3농혁신 연구자로서 같은 연구원의 연구자 몇 분과 함께 이번 행사에 참가했고 한편으로는 새로 이전한 청사를 구경하고 싶은 마음에 기꺼이 참가했다. 행사장에는 도청 관계자와 시·군 공무원과 농어민 약 1,000여 명이 참석했다. 이 자리에서 〈한국인의 밥상〉을 진행하고 있는 '국민 아버지' 양촌리 최불암 회장님도 나오셔서 농민에게 응원의 메시지를 보내주셨다. 이번 행사에서 가장 인상이 깊었던 것은 충남의 3농혁신을 3년째 이끌고 있는 안희정 도지사의 인사말이었다.

"우리는 지난 세기 산업화 과정에서 죽어라 생산을 했습니다. 그래서 조금은 먹고살게 되었습니다. 하지만 그 과정에서 우리의 생명 창고인 농어촌은 정말 피폐해져갔습니다. 그리고 이번 세기에 들어서면서 그와 같은 방식이 더 이상 옳은 것인지 의문이 생겼고 그것이 지속가능하지 않음을 알게 됐습니다. 저는 우리 대한민국이 참 좋은 나라가 됐으면 좋겠습니다. 그런데 저는 확신합니다. 농어촌이 잘 살지 않고서는 결코 선진국이 될 수 없음을. 그래서 저는 충남의 제1 도정 목표를 3년째 연속 3농혁신으로 정하고 지속적으로 추진해왔습니다. 3농혁신은 크게 다섯 가지 사업 목표를 가지고 있습니다. 첫째는 친환경 고품질 농산물 생산입니다. 둘째는 지역 순환 식품 체계의 구축입니다. 셋째는 새로운 희망 마을 만들기 추진입니다. 넷째는 도농 교류의 확대입니다. 마지막으로는 이러한 사업을 이룰 지역 리더를 육성하는 일입니다. 저는 이러한 일을 꼭 해보고 싶습니다. 여러분도 그렇죠? 이를 위해서는 자금이 필요합니다. 농업 예산이 15조라는데 농민에게 직접적으로 꽂히는 돈은 1조 정도입니다. 선진국이라면 3~4조는 될 겁니다. 저는 이명박 정부에게도 농업 보조금을 선진국 수준으로 확대해줄 것을 요구했고, 새로운 박근혜 정부에게도 요구하고 있습니다. 우리나라에 많은 지방자치단체장이 있지만 저는 우리 충남의 단체장이라는 게 정말 자랑스럽습니다. 여기에 있는 여러분과 함께 서로 믿고 힘을 모은다면 3농혁신은 반드시 이뤄지리라 믿습니다. 저는 이 일을 꼭 해내고 싶습니다."

연설 같은 인사말을 하는 동안 내 앞의 농민으로 뵈는 분이 슬쩍 슬쩍 눈가를 훔치고 계셨다. 그리고 쑥스러운 얘기지만 뒤에 있는 나도 그랬다. 여느 지도자라면 좀 더 멋지고 폼 나는 일로 무게를 잡고 다닐 텐데, 도지사는 농어촌이 잘 살아야 나라가 잘 산다는 확신한 신념과 비전을 가지고 있었고, 취임 이후 3년 동안 도정의 제1 목표로 삼아 추진하고 있다.

도지사의 진실하고 확신에 찬 의지에 많은 감동을 받았다. 이런 지도자와 함께 연구하고 일한다는 건 분명 행복하고 뿌듯한 일일 것이다. 충남도 신청사는 이제 갓 이사온 탓에 아직은 황량하기 그지없지만 이제 곧 생태친화적이고 자립적인 모습으로 발전되어갈 테고, 우리 농촌도 머지않아 아름답고 풍요로운 모습으로 바뀌리라 믿어 의심치 않았다.

3농혁신의
성과보다
중요한 것

　3농혁신을 본격적으로 추진한 지 3년이다. 민선 5기의 충청남
도는, 3농혁신을 빼놓고는 얘기할 수도 없다. 풀 뜯어 먹고 살 수
는 없는 일이며, 모든 문제가 '어떻게 잘 먹고 잘 살 것인가'로 귀
결되기 때문이 아닐까 한다. 그런데 어째 농어업과 농어촌, 그곳
을 지키고 있는 농어민의 삶은 갈수록 팍팍하기만 하다. 가족과
정성스레 차려진 밥상 앞에 둘러앉아 나누는 저녁이 소중한 만
큼, 그런 밥상을 떠받치고 있는 우리의 이웃도 생각해야만 한다.
3농의 문제를 제대로 풀지 못하면 대한민국의 미래도 없다는 시
대정신을 바탕으로, 40여만 농어민의 간절함과 도지사의 진정성
이 맞닿아 시작된 것이 3농혁신이다.

그런데 3농혁신이 그동안 뭘 했는지 그리고 도대체 어떤 성과를 냈는지 묻는 이가 많다. 때로는 질책하듯 묻는 분도 있다. 농가 소득이 얼마나 올랐는가? 농산물 수출은 얼마나 늘었는가? 또 얼마나 많은 사람이 귀농했는가? 뭔가 숫자로 딱 내세울 수 있는 성과가 무엇인지 말해보라 한다. 이럴 때는 참으로 뻘쭘하다.

그동안 친환경농업 열심히 해서 면적이 2배는 늘었고, 애들 잘 먹이자고 학교급식지원센터도 당진, 아산, 홍성, 청양에 문 열었고, 760여 개 마을에 사는 사람들 스스로가 마을 계획을 만들어 사업도 추진하고, 농어촌 체험 마을은 110개소나 지정되었고, 귀농·귀촌을 지원하려고 15개나 되는 지원센터를 운영하고 있고, 그래서 제3회 대한민국 농촌마을대상을 그것도 3개 부분에서 대통령상을 받았고, 수산 자원 조성 사업 평가에서 최우수상을 받았고, 농업기술원은 농촌진흥기관 최우수상을 수상했고, 쌀 시책 종합 대책 평가에서 최우수상을 받았고, 대한민국 농어촌 마을 대상도 받았고, '3농혁신' 정책은 그 자체로 한국지방정부 정책대상도 받았고…… 어찌 다 헤아릴 수 있을까? 성과를 하도 채근하는 분들 때문이었는지 언젠가는 이런 자료까지 본 적도 있다. 3농혁신을 통하여 농가 소득은 2009년에 2900만 원에서 2012년에 3300만 원으로 13.8%가 증가하였고, 농가 부채는 2600만 원에서 1900만 원으로 26.9%나 줄어들었다는 자료였다. 사실에 근거한 자료인 것은 맞지만, 이것이 3농혁신의 결과라고는 생각하지 않는다.

서울대학교만 가도 큰 자랑거리로 플래카드가 걸리는 것이 우리네 농촌 풍경인데, 어찌 상과 묵직한 상금 그리고 끌어온 정책 자금이 몇 백 억이나 된다고 플래카드라도 걸고 싶지 않을까. 그러나 그리하지 않는 이유가 있다. 상 받으려고 한 일이 아니기 때문이다. 상은 받는 것이 아니라 주어지는 것이다. 열심히 하다 보면 자연스레 따라오는 것이라는 얘기다. 상을 받고자 하면 욕심이 생기고 꾸미게 되는데, 이것을 전시 행정이라 비판해왔다는 점을 잊으면 안 된다.

　　또 한편으로, 상은 부분 중에서도 일부분이 받는 것이지 자신이 받는 것이 아니기에 느끼는 온도차가 크다. 내가 잘하고 우리 반이 잘해서 반장이 대표로 상을 받는 것이기는 하지만, 우리 충남이 받은 상을 마치 자신이 받은 상처럼 여기기는 쉽지 않다. 거북이 마을은 1등인데…… 우리 마을은 이게 뭐여…… 지역이나 소득의 차이가 엄연한 현실에서 부분의 성과를 전체의 성과로 내세우는 어리석음을 범해서는 안 된다.

　　그렇다면 3농혁신의 진정한 성과는 무엇일까? 나는 3농혁신의 가장 큰 성과로 사업을 추진하는 방식이 크게 변화했다는 점을 들고 싶다. 예전에는 도와 시·군이 나서서 정책을 주도해나가던 방식이었지만, 이제는 민과 관이 머리를 맞대고 소통·합의하는 방식이 점차 '충남형 민관 협력'의 본보기를 만들어내고 있다. 이와 같은 민관 협력을 추진하는 핵심체가 '3농혁신위원회'로 여러 사업단과 테스크포스팀TF에서 200여 명도 넘는 사람들이 민관

협력을 일구어내고 있다. 모든 일은 어느 한 개인이 하는 것보다
는 조직의 힘으로 추진할 때 힘도 커지고 오래간다. 이 징검다리
역할을 하는 것이 3농혁신위원회이며, 민관 협력과 융복합이라
는 두 바퀴로 굴러가고 있는 것이다.

3농혁신위원회

가끔 상상해본다. 모래알로 쌀을 만드는 불세출의 지도자가 있
어 이 어려움을 훌쩍 넘어갈 수 있다면 얼마나 좋을까 하고 말
이다. 그러나 불행히도 농어업과 농어촌의 문제, 그리고 그 속에
서 고통을 떠받치고 있는 농어민의 문제를 직시하고 대안을 제시
하는 지도자가 몇이나 될까? 갈수록 3농의 문제가 관심 밖으로
멀어지는 느낌이다. 진정 표가 얼마 되지 않기 때문인가?

정치·경제 영역에서 3농이 소외될 수밖에 없었던 것은 지도자
의 눈이 그곳에 없었기 때문임을 겸허히 인정할 수밖에 없지만,
그렇다고 우리의 문제를 마냥 내팽개쳐둘 수는 없는 노릇이다.
우리 스스로 자신의 문제를 풀어나가려는 자주적인 노력 없이는
어떤 불세출의 지도자도 이 문제를 해결하지 못한다. 우리의 문
제이다.

그런 마음과 마음이 모여 만들어진 것이 3농혁신위원회가 아
니었나 싶다. 처음에 '농어업·농어촌 혁신위원회'라는 이름으로
시작한 위원회는 여러 가지 의미를 함축하고 있다. 민관 협력이
낳은 자랑스런 맏아들이며, 이제 융복합이라는 든든한 맏며느리

까지 얻게 되었다. 만나는 것에서 혁신은 시작된다. 혁신은 "다수의 관계자와 기관이 참여하고 연속적인 환류 체계를 갖는 사회적 상호 학습 과정"이라고 했다. 어려운 표현이지만 조금 다르게 표현하자면, 만나는 과정과 관계 속에서 혁신이 이루어진다는 것이며, 이것이 바로 3농혁신위원회의 실체가 아닌가 한다.

3농혁신위원회는 3농 정책의 집행-평가-피드백을 중심으로 장단기 과제에 효율적으로 대응하기 위한 민관 협력 시스템이다. 즉, 농정 현안을 대할 때 추진 주체 간의 유기적 연계 활동을 강화해 자주적 문제 해결자로서 역할하고, 정책의 수요자와 공급자가 함께 사업을 결정·집행하는 추진 체계인 것이다. 3농혁신위원회의 전신은 농어업·농어촌 혁신특별위원회이지만, 형식과 내용상 간판만 바꿔 달은 것이므로 차이는 없다. 초기에는 도지사에게 3농혁신에 대한 자문과 협의를 하기 위한 목적으로 의회, 학계, 유관기관·단체, 충발연, 언론인, 공무원, 정책 전문가 등으로 구성하였다. 물론 생산자 대표가 가장 큰 비중을 차지하였다. 그리고 2013년 이전까지는 3개 사업단과 18개의 TF를 통해 세부계획을 수립하고 추진하였다. 핵심 사업 추진체인 TF는 공무원과 민간인 공동 팀장제로 운영하였으며, 3농혁신위원은 모든 TF에서 활동해 3농혁신위원회와 유기적으로 연계될 수 있도록 하였다. 기계적이기는 하지만, 3농혁신위원회는 실행 방안 제시 및 자문·대안 제시, 농정국장은 3농혁신 업무 총괄 및 정책 주도적 추진, 관련 실·국원은 자체 사업 발굴, 각종 시책의 융·복합을 추진하며, 사업단 및 TF에서는 과제별로 세부 시행 계획을 수립하고 추진하도록 역할을 분담했으며, 시·군과 농협, 교육청, 농어촌공사, 농식품유통공사, 코레일 등 유관기관과 유기적 협력 체계를 마련하였다.

3농혁신대학

"우리도 아랫목에 군불 때면서 밤새워 토론해봅시다."라는 도지사의 제안으로 3농혁신대학이 출발하였다. 3농혁신이 충남도 제1의 과제이기도 했지만, 3농과 관련된 행사는 가급적 직접 챙기려는 도지사의 헌신적인 노력이 3농혁신대학의 큰 밑천이 되었다. 축사만 하고 "다음 일정 때문에……"라는 궁색한 말로 자리를 뜨지 않았다. 강의를 듣고, 의견을 말하고, 밥을 같이 먹으면서 그렇게 1박 2일 동안 머리를 맞댔다. 나중에는 가슴까지 맞닿은 느낌이었다. 현장의 농어민에게 어려운 것은 당장의 소득, 그리고 생활의 문제이겠지만, 더욱 필요했던 것은 어려움을 토로하고 들어주는 사람이라도 있는 것 아니었을까 싶다. 따뜻한 말 한마디는 좋은 관계의 시작이다.

3농혁신대학은 매달 마지막 주에 1박 2일 과정으로 열렸다. 정기적으로 개최하고, 도지사의 일정도 미리 찜해두자는 의도였다. 2012년 1월부터 시작하였는데, 의기양양하게도 마지막 주 금요일과 토요일에 대학을 열었다. 2013년 들어서는 목요일, 금요일로 바뀌었지만, 그 열의나 감동은 변함없이 계속되었다.

3농혁신의 가장 큰 성과는
민과 관이 머리를 맞대고 소통·합의하는 방식이
점차 '충남형 민관 협력'의 본보기를
만들어내고 있다는 것이다.

2012년 3농혁신대학은 11개 과정을 열었고, 1,256명이 참여
했다. 1월 쌀 산업, 2월 농촌 체험 관광, 3월 농업 협동조합, 4월
산림 자원 육성, 5월 선진 축산, 7월 청정 수산, 8월 친환경 리더,
9월 6차 산업화, 10월 학교 급식 지원, 11월 마을 가꾸기 지도자,
12월 농업 경영 혁신 리더 과정을 열었다. 처음에는 농업기술원
을 주로 이용하다가 서천, 공주, 청양, 태안, 당진, 부여에서도 과
정을 운영하였다.

2013년의 3농혁신대학은 전년도 운영에 대한 경험치와 반성을
통해 몇 가지 변화를 꾀했다. 우선은 3농혁신의 주체가 되는 현
장 농어민과 시·군의 공직자 등 핵심 역량을 강화하는 것에 초점
을 두기로 하였다. 그동안 3농혁신의 대중적 확산에 주력해왔다
면, 이제는 주체적으로 사업을 엮어가는 특공대를 조직하자는 의
견이 많았다. 그리고 지역적으로도 충남의 15개 시·군 곳곳에서
대학을 여는 것이 바람직하며, 행사의 준비에서도 일부 과에서

일방적으로 준비하는 것보다는 참여자가 중심이 되어 내용을 고민하고 채우는 방식도 필요하다는 의견이 있었다. 적지 않은 성과도 있었다. 일단 매달의 정례화는 3농혁신의 강한 동기를 부여했고, 분야별 전문가의 강연과 토론을 통해 3농혁신의 실천 과정에서 겪는 문제점과 어려움을 함께 공유하고 해결 방안을 모색할 수 있었으며, 시·군별로 순회 개최함으로써 지역의 현안을 이해하고 방향을 모색할 수 있었다.

2013년에는 3농혁신의 주체인 농어민의 역량을 강화하려고 대학 운영 계획이 재수립되었다. 3농혁신대학은 '대학'의 기능에 초점이 있다기보다는 3농혁신을 성공적으로 실천하기 위한 논의와 합의를 해나가는 과정으로 이해하는 것이 바람직하다. 프로그램을 보면 명확해지는데, 3농혁신대학에서는 충남도 농정 현안에 대한 농어민의 문제 제기와 핵심사항에 대한 논의를 바탕으로 해결 방안을 도출하며, 이것을 도정에 반영하는 순차적 과정을 중요시한다.

모든 농정의 성패는 '농어민의 농정 주체화'에 달려 있다. 앞으로도 3농혁신대학은 실질적인 농어민의 참여로 합의를 도출하고 조직하는 장으로 활용할 필요가 크다. 3농혁신대학을 통해 우리 마을과 사람들의 오랜 갈등도 충분히 치유할 수 있다는 사실을 알게 되었기 때문이다.

그동안 진행되어 온 3농혁신대학 운영 현황과 교육과정에서 발표된 자료는 모두 3농혁신 홈페이지(www.chungnam.net)에 공유하고 있다. 홈페이지 모습은 정말 촌스럽지만, 3농혁신과 관련된 자료의 보물창고이다.

4-H 소통 아카데미

3농혁신대학만이 아니다. 2012년부터는 영농 4-H 소통 아카데미를 1박 2일 과정으로 두 달에 한 번씩 지역을 돌아가며 열었다. 역시 도지사는 1박 2일 동안 공부를 하고, 치즈를 만들고 사과 깍두기를 담갔으며 청년 농업인의 고민을 같이하였다.

앞으로 충남 농업을 이끌고 갈 4-H 회원의 무한한 가능성을 자신부터 일깨우고 마을의 건강한 지도자로 만들기 위한 목적이었지만, 역시 자발적 참여와 형식을 탈피한 소통의 장이 되었다. 3농혁신을 위한 주제별 토론회나 리더십을 기르는 훈련 등의 교육도 있었지만, 야구, 마음 열기 볼링 대회, 소통의 시간처럼 네트워킹과 단합을 강조하는 프로그램 위주로 진행되었다. 젊은 친구들이라 둘째 날 아침은 미니 축구 아니면 농구를 자주 했는데, 도지사는 물론 농업기술원장도 코트를 상당히 날렵하게 뛰어다니며 참여했다. 물론 며칠 동안 절룩거리는 모습을 보아야 했지만 말이다.

나는 소통 아카데미에 참여하면서 '청년 농업인이 가져야 할 자세'에 관해 시간이 날 때마다 이야기했다. 청년 농업인은 동년배보다 사회 진출이 빠를 뿐만 아니라 농장 경영을 통해 얻은 삶의 지식이 풍부하다. 돈의 흐름도 잘 읽는다. 부모님과 같이하거나 이어받은 경영 규모가 한마디로 장난이 아니다. 그리고 한국 농업대학이나 일반 대학 졸업자는 다양한 아이디어와 경영 감각을 갖추고 있다. 그래서 나는 강조한다. 혼자만 잘 먹고 잘사는 것이 당장에는 좋을 수 있지만, 농어업과 농어촌이 사라지면 나도 존재할 수 없다는 생각으로 마을의 문제, 충남의 문제, 대한민국의 문제를 고민해야 한다고 말이다. 그들은 반짝거리는 '눈으로 고개를 끄덕여 동의를 표한다. 대한민국의 농어업과 농어촌을 이끌어갈 청년 농업인은 우리의 보배이다.

함께하는 3농혁신

우리는 지금 3농혁신의 성과에 관한 이야기를 하고 있다. 그중 하나는 어중되게 있던 농어업 정책을 도정 최우선 과제로 올렸다는 점도 빼놓을 수 없다. 경제 활동 인구 5명 중 1명은 농어업에 종사할 정도로 농어민이 많은 충남에서 당연한 것 아닌가. 늦었지만 이제야 제대로 틀을 세웠다는 생각이다. 이것이 비정상의 정상화이다. 늦은 만큼 제대로 된 성과를 내려면 3농혁신의 주체를 명확히 하는 것이 먼저이다. 농어업과 농어촌의 문제는 우리 모두의 문제지만, 문제를 푸는 주체는 농어민이다.

농어업 정책의 특성상 사업 성과를 단기간에 내놓기는 쉽지 않지만, 도, 시·군 및 농어민의 참여와 민관 협력을 바탕으로 3농혁신이 단순한 농어업 정책이 아니라 대한민국의 지속가능성 패러다임으로 이해되고 있다는 것은 단연코 진정한 성과이다.

우리 속에 있는 문제를 찾으려고 머리를 맞대니 얘기가 되고, 실마리가 보이기 시작한다. 3농혁신은 구두에 번쩍번쩍 물광 내는 일이 아니다. 이제 겨우 뒷굽에 묻은 흙먼지 정도 털어냈을 뿐이다. 광부터 낼 생각일랑 저만치 던져두고 멀리 보고 차근차근 가야 한다. 지금 무엇을 해야 할지 알았다는 것만으로도 값진 성과가 아닐까?

성과도 물론 중요하지만, 성과만을 앞세우는 것은 혁신이라 할 수 없다. 성과에 연연하지 않고 더디지만 꾸준히 함께 나가야 한다. 가장 선두에서 충남도민이 끌고, 시·군과 도는 힘껏 밀어야 한다. 그것이 모두 함께하는 3농혁신이며, 건강한 우리의 미래를 만들어갈 수 있으리라 확신한다.

협동과 연대,
잘하는 것 더 잘하기,
홍성의 가르침

홍성에 다녀왔다.

가장 먼저 찾은 곳은 마을활력소. 주형로 대표께서 반갑게 맞아주신다. 돈보다는 사람이 우선하고, 경제적 효율보다는 생명이 살아 숨 쉬는 지역 공동체의 꿈을 그려가고자 시작했다는 마을활력소. '마을활력소' 하니 어릴 적 먹던 원기소가 생각난다며 누군가 농을 친다. 마을의 원기소 역할을 하고 있는 이곳은 나눔과 연대, 협동에 기초하여 주민 스스로 지역의 문제를 해결할 수 있도록 다양한 주민 활동을 지원하고 있다. 집짓기도 돕고, 공동육아도 지원하고, 이장님들 골칫거리인 회계 정리나 문서 정리도 거든다. 세 사람이 상근하며, 후원비와 견학비 등으로 살림을 꾸려

간다고 했다. 소박한 농부의 냄새가 났다. 그리고 존경스러웠다.

갓골어린이집을 지나 밝막도서관 회랑 그늘 아래서 마을의 역사를 듣는다. 갓골목공실, 같이놀자, 그물코출판사, 꿈이자라는 뜰, 논배미, 동네마실방 뜰, 얼렁뚝딱건축조합, 원예조합 가꿈, 우리마을의료생협(준), 젊은협업농장, 풀무농업고등기술학교, 할머니장터조합, 햇살배움터교육네트워크, 협동조합 청춘, 햇살배움터교육네트워크…… 참 많다. 사람들의 정성과 협동이 만들어낸 소중한 자산이라고 홍순명 선생님께서 힘주어 말씀하신다.

이제껏 얼마나 많은 고난과 갈등을 겪었으며, 지금은 어떤 어려움을 어떻게 극복해나가고 있을까 생각해본다. 홍성은 지난한 지역 만들기의 역사 속에서 다양한 경험치를 축적하고 있는 학교이며, 지역의 미래이다.

홍성에서 새삼 깨달은 것이 있다. 답은 멀리 있지 않다는 것, 답은 상식 수준을 벗어나지 않는다는 것이다. 가까운 데 답을 두고도 먼 곳만을 살피는 어리석음처럼 등잔 밑은 확실히 어둡다. 자기가 잘 안다고 생각하지만 실제로는 잘 모르는 것이 훨씬 많다. 내가 사는 마을을 구석구석을 잘 알고 있다고 생각하지만, 자주 다니는 곳만을 알고 있을 뿐이다. 종이 한 장을 절반으로 나누고 한쪽에는 잘 아는 것을 적고 나머지 한쪽에는 모르는 것을 적어보면 금방 알게 된다. 모르는 것이 이렇게나 많았는지 말이다. 마찬가지로, 우리 모두는 잘하는 것보다 못하는 것이 훨씬 많다. 협동과 연대 말고 이 문제를 해결할 수 있는 방법이 있을

답은 멀리 있지 않다는 것,
답은 상식 수준을 벗어나지 않는다는 것이다.
가까운 데 답을 두고도 먼 곳만을 살피는 어리석음처럼
등잔 밑은 확실히 어둡다.

까? 홍성은 협동과 연대에서 답을 찾아온 것이다.

홍성에서 찾은 또 하나의 답은 부족함을 채우려고 하기보다는 잘하는 것을 선택했다는 점이다. 문당리의 오리농을 시작으로 최고의 유기농산물 산지가 되고자 했고, 할머니의 손맛과 회계를 잘하는 주민의 장점을 되살려나갔다. 성적표를 받았는데 수학이 50점, 국어가 95점이면, 대개 우리는 잘하는 국어는 좀 접어두고 수학 점수 올리기에 집중한다. 잘하는 것을 더 잘할 것인지 아니면 못하는 것을 보완할 것인지, 선택의 문제이다. 두 과목 다 점수가 올라간다면야 더할 나위 없겠지만, 손에 쥔 한 줌 자원으로 두 마리 토끼를 다 잡기란 쉽지 않다.

누구든 잘하고 재미있는 과목을 찾고, 그것을 더 잘하도록 하는 것이 중요하다. 작지만, 자신이 잘하는 것에 집중한 결과가 하늘공동체와 은퇴농장처럼 홍성이 만들어낸 그 많은 조직이다. 마을활력소는 여러 조직의 강점과 재능을 찾고 연결하며, 최근에는 군 단위 거버넌스 '홍성통'이 여기에 가세하였다. 지역이 희망이다.

피터 드러커는 《자기경영노트》에서 이렇게 말했다. 누구나 자신의 강점을 잘 안다고 생각한다. 그러나 대개의 경우 그렇지 않다. 사람들이 알고 있는 것은 기껏해야 약점이다. 그래서 서툰 일을 잘하는 데 시간을 소모하기보다는 자신의 강점에 집중해야 한다고 강조했다. 무능함을 보통 수준으로 끌어올리려면 잘하는 것을 탁월한 수준으로 올리는 것보다 훨씬 많은 에너지와 노력이 필요하기 때문이라고 말이다.

"작은 일도 무시하지 않고 최선을 다해야 한다."라는 중용의 구절을 밑천 삼아 작은 일이라도 잘할 수 있는 것에 최선을 다해야 한다. 최선을 다하면 즐겁고, 즐겁게 되면 성공하고, 성공하여 누리는 기쁨으로 나와 지역이 바뀌게 되는 것이다.

박범신의
주상복합

　논산에 사는 소설가 박범신의 강의를 듣는다. 듣고 싶던 강의를, 그것도 맨 앞에 앉아 듣는다는 것만 해도 참 행복한 일이다. 산과 바다를 자유로이 넘나드는 그의 강의에 군이 제목을 붙이면 '주상복합'이란다. 하고자 하는 얘기의 머리글자를 모아놓은 것인데, 강의의 무질서를 피하고자 하는 그의 창조적 상상력과 지혜가 돋보인다.

　주상복합의 '주'는 주인이란다. 그를 만난 곳은 황산벌을 마주하고 있는 곳이었다. 동학 농민의 땀과 피가 배인 곳, 오랜 생산과 투쟁의 역사를 고스란히 안고 있는 그 들판이 있는 곳이었다. 석양 들녘이 너무 아름답다. 그는 가을 들녘이 이토록 아름다운 것은 그저 우연이 아니라 했다. 모든 곡식과 과일이 가장 맛있게 익었을 때 색이 가장 아름다운 것, 그것은 신의 선물이라 했다. 땅은 신이 주는 선물을 가꾸어내는 곳이며, 그런 땅을 지배하는 자가 바로 농민이라 했다. 그는 애당초 농민이고 어부였던 우리가 이 땅의 주인이라는 사실을 힘주어 강조한다. 내가 이 땅 위에서 먹고살 뿐만 아니라 이 역사의 주인이라는 믿음을 한시라도 잊어서는 안 된다고 했다. 땅을 지배하는 자, 뜨거운 사랑으로 진정한 주인이어야 한다는 그 말에 가슴이 벅차게 열린다. 그런데 이 땅의 주인이 너무나 어려운 것이 현실이라며, 그 어려움을 이겨나가기 위한 몇 가지 이야기를 이어나갔다.

주상복합의 '상'은 상상력이란다. 이 시대 농부가 가져야 할 새로운 무기는 습관적 고정관념을 뛰어넘는 상상력이란다. 커피가 단순히 먹거리 그 자체였다면 어느새 우리 생활의 한 부분을 차지하지는 못했을 것이다. 커피는 먹거리에 문화를 심었다. 박범신은 "슈베르트를 듣고 자란 딸기"를 이야기했고, "박범신 딸기"도 나와야 된다고 목소리를 높였다. 이렇게 논산의 딸기에 문화와 상상력을 입히라는 그의 주문은 많은 이들의 귀를 열고 있었다.

상상력은 또한 복합적인 요소이며, 융합과 복합의 가치가 본질적으로 중요하다고 말한다. 주상복합의 '복'은 복합이란다. 우리의 아버지들은 주린 배 졸라매고 야수처럼 이 시대를 살 수밖에 없었지만, 이제는 시대가 바뀌었다. 주머니도 제법 넉넉해졌고,

생각도 많이 바뀌었다. 1차 산업과 3차 산업, 도시와 농어촌, 농어업과 문화 할 것 없이 경계를 구분치 않는 다양한 결합으로 새로운 융·복합의 가치를 창출해야 한다. 그래야 이 어려움의 벽은 더 이상 벽이 아니라 새로운 문으로 열릴 수 있다.

주상복합의 '합'은 합의란다. 부탄이라는 나라, 국민소득은 얼마 되지 않지만 세계 최고로 행복하다는 나라에서 모든 복지에 관한 것은 마을 공동체에서 결정되고 이루어진다고 한다. 이제 더 이상 과거와 같은 초고속 성장이 불가능함을 우리는 잘 알고 있으며, 경제적 성장만이 능사가 아님 또한 잘 알고 있다. 우리가 사는 이유는 행복해지기 위해서이고, 행복해지기 위해서 우리에게 가장 필요한 것은 부동심을 잃지 않는 합의라 하였다. 서로 정한 약속과 실천이 우리 마을을 행복하게 하는 근본적인 힘이라는 얘기일 것이다. 그래, 이젠 우리들의 합의를 위해 서로의 마음과 입을 열어야 한다.

마지막으로, 그는 주상복합을 이룰 수 있는 한 가지를 덧붙였다. 그것은 책을 읽으라는, 아니 읽어야만 한다는 것이다. 자기와는 별 상관도, 쓸모도 없는 책이나 신문, 뭐든 할 것 없이 하루에 한 페이지 이상 1년만 읽어보라 한다. 1년 후에는 변해도 단단히 변한 자신을 발견할 수 있을 것이라 호언했다. 종이 위에 박힌 문자가 있고 난 후에야 영화의 시나리오도 있고, 그 아름다운 노랫말도 생긴다는 것이다. 그의 소설《은교》가 수백만을 사로잡은 영화가 되었듯이, 고인이 되어버린 김광석의 노랫말이 어느 촌부의 눈시울을 젖게 하듯이 말이다. 문자가 문화를 지배하는 본원의 힘이듯 농어업과 농어촌을 혁신하는 근본적인 힘은 땅을 지배하는 농어민으로부터 비롯한다. 그래서 진짜 농어민은 책을 읽고 꿈을 가져야 한다는 그의 고언에 무한한 힘과 애정을 느낀다.

국민의 3농, 국민이 지키는 3농

3농혁신에 관해 이야기하다 보면, 의외로 빠른 반응을 보이는 대목이 있다. 스위스의 직불금 제도나 그 규모에 관해 얘기할 때면 다들 입이 쩍 벌어지면서 "정말이냐?" "대단하다!"라며 부러움의 탄성이 끊이지 않는다. 우리와는 조건과 상황이 다른 나라의 제도이니 참고 삼아 하는 얘기라는 것을 모르는 눈치는 아닌데, 그들의 한숨은 깊고 깊어만 보인다.

유럽뿐만 아니라 대부분의 선진국은 농어업 정책을 국민적 관심과 동의에 바탕을 두고 추진하고 있다. 당연한 이야기인데, 이는 우리 농정의 아킬레스건이기도 하다. 선진국의 농정 또한 산업 구조의 재편 과정과 성장의 굴레에서 결코 순탄하지 못했다.

그러나 다음과 같은 끊임없는 문제의식이 오늘날 선진 농업 국가의 기초를 형성했다고 생각한다. 농어업의 산업 경쟁력은 과연 있는가? 농어촌에서 얻고자 하는 것은 궁극적으로 무엇인가? 식량이 무기가 될 수 있는가? 그렇다면 국가와 국민의 주권은 어떻게 지킬 것인가? 그들은 이러한 질문에 답해가면서, 농어업은 경쟁력이 없는 산업이지만, 농어촌에서는 쾌적함과 활력을 얻고, 식량 안보는 국가의 지속가능성을 가름하는 기본이기에 농어업·농어촌을 지키고자 했을 것이다.

다른 한편으로 생각해보면, 농어업은 1차 산업으로서 2차, 3차 산업의 뿌리가 되는 산업이다. 뿌리 없는 나무가 존재할 수 없듯이, 농어업과 농어촌이 죽으면 줄기며 잎인 다른 산업과 도시 역시 살 수 없다.

최근 중국의 발전 정책 기조인 포용성 발전은 우리에게 시사하는 바가 크다. 개혁 개방 추진 후 2000년대 후반에 들어서면서 지역간, 도농간, 계층간 격차가 확대되자 '화해 和谐' '협조 协调'를 거쳐 '포용 包容'이라는 정책 기조와 슬로건을 제출했다. '포용'은 '반포 反哺' 개념과 연결된다. 반포란 어린 까마귀가 자란 뒤 늙은 어미 까마귀에게 먹이를 물어다주며 봉양한다는 성어 '반포지효 反哺之孝' 안의 그 반포다. 즉, 도시는 농촌에, 공업은 농업에, 先부자는 서민 대중에게, 선발전 지구는 낙후 지구에 신세진 것을 갚아라, 즉 혼자 능력으로만 발전하고 부유해진 것이 아니니 농촌과 농업과 서민대중에게 신세진 것을 갚아야 한다는 것이다.(충남발전연구원 중국 연구팀장인 박인성 박사가 정리한 글의 일부이다.)

이처럼 국민 모두가 나서서 3농을 지켜야만 하는 논리는 너무나 명백하다. 그리고 3농혁신의 원동력 또한 국민의 합의와 관심에서 비롯해야 함은 우리가 견지해야 할 기본 중의 기본이다.

필리핀의 교훈

필리핀은 우리나라보다 국토가 3배쯤 크고, 경지 면적은 약 1000만 ha에 달한다. 경지가 이 정도니 농업에 종사하는 이들도 전체 노동 인구의 55% 이상이나 된다고 한다. 생산하는 농산물은 쌀과 옥수수 같은 식량 작물이 큰 비중을 차지하며, 기후 여건이 좋아 바나나, 커피도 많이 생산된다. 주곡은 단연 쌀이다. 우리도 밥심으로 산다지만, 필리핀 사람도 밥심 빼면 시체이다. 2002년 기준의 자료를 보니, 국민 1인당 식품 소비량은 385kg인데 이 중 곡물류가 135kg으로 무려 35%나 차지하고 있다.

농업 생산은 어떤가? 1960년대만 하더라도 1인당 농업 생산성이 아시아 평균보다 6배나 높은 나라였다. 1년에 3모작은 기본이고, 4모작도 가능한 기후 조건과 끝없이 넓은 평원이 한때나마 세계 최대의 쌀 생산국 필리핀을 만들었다. 우리나라 농부가 필리핀에서 가장 부러워하는 곳이 있다면, 분명 루손 평원일 것이다. 한쪽에서는 베고, 한쪽에서는 심고, 한쪽에서는 자란다. 논둑만 이으면 2만 2400km로 지구 반바퀴나 되며, 유네스코에서 세계 8대 불가사의 중 하나로 지정한 바나우 지역의 다랭이 논도 있다. 장구한 논 농업의 역사와 내공이 짐작가는 대목이다.

세계 쌀 생산과 아시아 농업혁명을 주도했던 나라, 세계적인 국제미작연구소IRRI가 있는 나라, 우리가 배고팠던 시절에 안남미를 무상으로 지원해주던 그 나라. 그 필리핀이 지금은 세계에서 쌀을 가장 많이 수입하는 나라가 되었다. 20년이 채 걸리지 않았다. 2008년에는 배고픈 국민이 쌀을 달라고 주린 배를 움켜쥐고 거리로 뛰쳐나왔다. 아시아 평균의 6배이던 농업 생산성이 이제는 우리나라의 10분의 1도 되지 않는 나라가 되었다. 이제는 우리나라가 필리핀 식량 문제 해결을 위해 미곡 종합 처리장을 지어주고 기술 지원을 하는 나라가 되었다.

어쩌다가 이 지경이 되었을까? 농업과 농촌에 대한 무관심과 홀대가 화를 불렀다고 본다. 무관심이 양산되면 뭐든지 될 대로 되라는 식이 만연할 수밖에 없다. 필리핀 농업에 무관심이 시작된 것은 1990년대로 접어들면서부터가 아닐까 한다. 쌀 가격이 안정되었다 싶으니 농업 투자를 줄였고 산업화에 매진하였다. 그러나 1995년부터 쌀값이 오르기 시작했고, 이듬해인 1996년부터는 급기야 쌀을 수입하기에 이르렀다. 게다가 2008년에는 전 세계적으로 식량 위기가 도래했고, 쌀 수출국들의 금수 조치로 쌀값은 천정부지로 뛰었다. 결국 3모작으로 쌀을 자급하던 나라는 국제 쌀값의 폭등으로 없는 살림에 사다 먹지도 못하게 되었다. 정부는 쌀을 배급하고 새로운 정책도 쏟아냈지만, 2009년에 270만 톤, 2010년에는 245만 톤을 수입하는 세계 최대 쌀 수입국으로 전락하고 말았다. 지난해 우리나라 쌀 생산량의 절반을 넘는 양이다.

한때의 무관심이 엄청난 결과를 자초한 것이다. 아무리 잘 자라고 건실한 자식이라 하더라도 노부모의 관심은 한시도 끊이지 않는 법이다. 그것이 부모의 마음인 것과 마찬가지로, 논은 그 '형상'을 잘 지키는 것이 매우 중요하며, 그 형상이 한번 붕괴되면 복구하는 데 오랜 시간과 많은 비용이 들 수밖에 없다. 애지중지 아이를 키우는 마음으로 생산 기반을 잘 지켜냈어야 했는데 수천 년 지켜 내려온 논을 싼 맛과 바꿔버렸다. 전체 농지의 절반 이상이 골프장, 아파트 따위로 바뀌었고, 부패한 관료들은 이런 개발을 더욱 부추겨 개인의 부를 채우는 데 급급했다. 국민은 수수방관했고, 그 결과는 고스란히 국민의 몫으로 돌아갔다.

국민의 무관심이 국민의 배를 고프게 만든다. 2002년에 110만 ha에 달하던 우리의 논이 10년 만에 96만 ha로 줄었고, 쌀 자급률은 83%로 떨어졌다. 순식간이다. 차가 없으면 걸어가면 된다지만, 쌀이 없어 배가 고프다고 차를 먹을 수는 없지 않은가. 우리나라 국민의 무관심이 시작된 것은 아닌지 필리핀이 주는 교훈을 통해 묻고 싶다.

일석육조, 우리 밀 살리기

2012년 말 기준으로 1인당 쌀 소비량이 70kg 아래로 떨어졌다. 1980년대만 하더라도 130kg를 웃돌았으니 30년 만에 거의 국민의 무관심이 국민의 배를 고프게 만든다.
순식간이다. 차가 없으면 걸어가면 된다지만,
쌀이 없어 배가 고프다고 차를 먹을 수는 없지 않은가.

절반 수준으로 줄어든 것이다. 식단에서 밥이 줄었으니 늘어난 것이 있을 터인데, 그것은 고기와 밀이 아닐까 싶다. 지난 일주일 동안의 내 식단을 찬찬히 따져보았더니 정말 그렇다. 아침은 빵 한두 쪽인 경우가 많고, 점심은 대체로 밥이 우세하나 간간히 칼국수 같은 면류, 이런 저런 모임이 많은 저녁은 고기류가 떡하니 상을 차지한다. 밥심, 대한민국의 오늘을 만들었던 원동력이 아니었던가. 이젠 면麵만 좋아하다 면面이 안 서게 되었다.

문제는 쌀 소비량이 줄고 있는데도 더욱 곤두박질치고 있는 식량 자급률이다. 23.1%의 자급률, 우리 땅에서 살아가는 사람과 가축이 100일 때, 그중 23 정도만이 우리 땅에서 자란 곡식으로 자랄 수 있다는 것이다. 수입이 없다면 나머지 77은 모두 굶어야 한다. 식량 자급률과 농산물 수입량은 한쪽이 올라가면 한쪽은 내려가는 시소의 양 끝과 같다. 농산물 수입은 2005년 7조 원에서 2011년 20조 원 규모로 3배 가까이 급증했다. 우리나라 농업인이 1년 내내 뼛골 빠지게 농사 짓고 소 키워서 올리는 농림업 생산액이 43조 원 정도이니, 우리나라가 농산물 수입 대국이라는 말을 실감케 하는 대목이다. 수입하는 곡물 중 큰 비중을 차지하는 품목 중 하나가 밀이다. 국내산 밀 자급률이 2%를 턱걸이하고 있으니 98%는 수입한다는 얘기다. 아침부터 시작해 하루에 한두 끼를 해결하는 주식이 되어버린 마당에 고작 2% 정도의 밀만을 이 나라 이 땅에서 생산하고 있다니 그저 한심할 따름이다. 고작 2%가 아니라 무려 2%인가?

필리핀의 쌀 농업을 반면교사로 삼아야 한다. 한번 붕괴된 생산 기반을 회복하기는 여간 어려운 일이 아니기 때문이다. 우리 밀은 한국 전쟁 이후 무상원조된 순백의 수입 밀에 밀려 자취를 감추기 시작했다. 싼 맛에 자국 쌀 산업의 붕괴를 초래했던 필리핀이나 우리나 할 말 없는 것은 마찬가지고, 그래서 지금도 비싼 수업료를 낼 수밖에 없는 것이다. 우리나라 사람의 1인당 밀 소비량은 연간 31kg이 넘는다. 쌀 소비량의 절반에 가까운 수준이다. 바로 이러한 상황이야말로 어떻게 자라서 어떻게 오는지 알 수 없는 수입 밀가루에 더 이상 우리의 밥상을 맡길 수 없는 이유이기도 하다.

밀, 우리 밀의 자급률을 높이면 식량 자급률을 획기적으로 개선할 수 있다. 답은 조상들이 해왔던 이모작에 있다. 가을에 추수하고 난 뒤에 파종을 하고 이듬해 모내기 전에 수확하는 이모작으로 좁은 국토를 효율적으로 활용하는 것은 물론 지력 증진에도 큰 도움이 된다. '우리밀살리기운동본부'에서는 라면 하나만 우리 밀로 바꿔도 밀 자급률이 25%로 올라선다고 한다. 25% 밀 자급률의 효과를 생각해보자. 우선, 수입할 밀을 자급하니 그만큼의 수입 대체 효과가 있을 것이고, 생산자의 소득은 좀 더 나아지는 한편 지력도 좋아질 것이다. 이뿐이겠는가. 미국, 호주 등지에서 밀을 들여오지 않으니 대폭 짧아진 유통 경로는 탄소 배출도 절감해 환경에도 도움이 되며, 식량 자급률 향상으로 식량 안보 또한 강화된다. 그러나 뭐니 뭐니 해도 제 터에서 자란 건강한 먹거리를 먹는다는 소비자의 만족감이야말로 가장 큰 효과일 것이다. 그야말로 일석육조, 그 이상이다. 그런데 이 중에서 시장에서 값을 쳐주는 것은 수입 대체 효과와 생산자가 추가로 얻게 되는 소득 정도일 것이다. 나머지 대부분은 시장에서 그 가치를 제대로 쳐주지 않는 비시장 효과이다. 그런데 비시장 효과는 시장 효과보다 훨씬 중요하며, 이것이 농업의 본질적인 가치라는 점을 잊지 말자.

우리 밀이 수입 밀과 제대로 겨루지 못하는 이유는 두세 배 높은 시장 가격 때문이다. 그런데 일본에서는 수입 밀과 자국산 밀의 시장 가격이 별반 차이가 없다. 자국산 밀이 수입 밀과 경쟁할 수 있을 만큼 지원하는 직접 지불금 때문이며, 그 재원은 수입 밀의 국영 무역을 통해 조달한다. 키높이 깔창을 깔고 수입 밀과 대등하게 경쟁하는 일본 밀을 생각하니 부러움과 부끄러움으로 머릿속이 어지럽다. 우리 밀에 국민의 관심을 모아 제대로 된 키높이 깔창을 깔아줘야 할 때이다. 그것이 모두가 사는 길이기 때문이다.

새마을 운동은 대한민국이 보릿고개를 넘어가는 동기를 부여했던 전 국민적 운동이었다. 해가 뜨면 온 국민이 빗자루를 들고 마을길을 쓸었고, 마을 하천 청소에 누구 할 것 없이 팔을 걷어붙이고 달려들었다. 그것이 새마을 운동의 힘이었고, 대한민국의 오늘에 일조하였다. 그 힘으로 우리는 전 세계가 부러워하는 경제 대국의 일원이 되었고, 우리도 그런 물질적 풍요를 충분히 실감하고 있다.

그런데, 무역액 1조 달러가 된 대한민국의 오늘은 우리 3농의 헌신적인 희생 없이 가능할 수 있었을까? 평화 시장으로, 구로 공단으로 갔던 농어민과 그 자식들이 없었던들 오늘날의 대한민국이 가능할 수 있었을까? 아마, 불가능했을 것이다. 그런 3농이 한걸음만 뒤로 내딛으면 떨어지고야 마는 천 길 낭떠러지 위에 서 있다.

우리가 농업을 포기한다는 것은, 값싼 미국 쌀 사다 먹겠다는 것은 뿌리 없는 나무가 얼마나 오래 버틸지를 팔장 낀 채 구경하는 것과 같다. 그래서 농어민이 앞장서서 농어업, 농어촌 문제를 풀어보겠다는 것이다. 이것이 3농혁신이다. 그러나 전 국민과 함께 한 몸으로 고민하지 않으면 이 숙제는 절대 마칠 수 없다.

동대문 평화시장과 새마을 운동은 우리 모두 힘을 모으고 한 길로 가면, 아무리 어려운 역경도 극복할 수 있다는 소중한 경험이며, 이런 힘은 우리 국민의 피 속에 고스란히 녹아 있다고 믿는다. 때문에 우리가 진정성을 가지고 열심히 한다면, 국민은 기꺼이 3농혁신의 동반자로 나설 것이다.

To. 착한 농부아저씨♥

안녕하세요? 저는 용인초등학교 3학년 3반

이현지 라고 해요~ 저는 거기에 있는

것을 다 듣고 보고 해보기도 했어요♥

그런데 저는 그 중에서 딱 사물놀이 와,

떡매치기, 그리고, 새끼꼬기가 재미 있었어요.

그리고 이제 조금씩 추워지니까 옷도 단단이

입고, 감기 걸리지 않게 ★★★조심하세요♥ 감기걸리

시면 제가 아저씨들 하는 사물놀이를

못보잖아요♥ 그리고 담에 우리 학교에

찾아오세요♥감사합니다!!!

2013.10.17. 천사같은 현지올림

농부 아저씨께....

안녕하세요. 저는 3학년3반 오소민
에에요. 모를 심을 때 부터~

지금 가을 걷이를 할때까지 먼

충남 홍성군까지 오셔서 도와주셔서

감사합니다. 그리고 풍물놀이도

보여주시고, 새끼 꼬기도 해주시고, 탈곡

하는 것도 도와주셔서 감사합

니다. 농부아저씨, 안녕히계세요.

2013. 10. 17 〈목〉

홍인초등학교 3학년 3반 오소민올림

4

우리 안에 답이 있다

누군가 3농혁신을 아무리 목 놓아 이야기하고 다녔다 한들, 그리고 아무리 많은 홍보를 했다 한들, 아마도 3농혁신은 아파트 관리비 내역서 한 항목보다 이해하기 어려운 문제일 것이다. 피부에 직접 와닿지도 않는 문제를 애써 나의 것, 나의 문제로 받아들이기는 당연히 쉽지 않을 테다.

"3농혁신이 뭐예요?" 어딜 가나 자주 받는 질문이다. "3농은 1농, 2농, 3농이에요? 그럼 4농도 있어요?" 1농은 농업, 2농은 축산업, 3농은 임산업이라고 말하는 분도 있다. 누누이 이야기하지만 3농혁신이라는 용어의 사전적인 이해가 중요한 것이 아니라 무엇을 하고자 하는지, 왜 나의 문제이고 우리가 나설 수밖에 없는지를 아는 것이 중요하다.

한 번에 되는 일이 어디 있겠으며, 마냥 서두른다고 될 일도 아니다. 다만, 우리가 하고자 하는 일이 무엇이며, 어떻게 해나가고자 하는지 알리는 것에 소홀함이 있어서는 안 된다. 3농혁신이 우리 모두의 이야기며 우리의 삶에 그대로 투영되는 것임을 공유하는 데서 출발해야 한다.

나는 지난 몇 년 동안 건강한 농어민들로부터 얻은 주옥같은 경험들을 어떻게 잘 정리하고 구조화할 수 있을지 늘 빚처럼 안고 다녔다. 답은 늘 현장에 있었고 우리 안에 있었다. 그래서 현장에서 보고 느낀 점을 제대로 정리해내기만 해도 우리의 큰 자산이 되리라 믿었다. 이미 현장에서는 생각과 방식이 바뀌고 있었다. 남의 탓이라는 생각보다 내 문제는 내가 풀어야 한다는 생각, 협동의 마음가짐으로 만나고 내려놓는 자세로 임하는 농어민들게 많은 것을 배웠다.

그런 수많은 사례 중에서 원평초등학교에서 만난 아이들과 농군의 뜨거운 가슴으로 전해준 보석 같은 이야기 몇 가지를 정리해본다.

원평초등학교의
가을걷이

작은 성공 하나라도 이루어보면 성공의 큰 기쁨을 누릴 수 있다. 그래서 "해보면 안다."라고 말하는 것일 테다. 마케팅 전략 가운데, 사실을 가지고 인식에 도전하면 백전백패한다는 말이 있다. 중요한 것은 감성이며, 눈으로 읽는 것보다는 손으로 느끼는 것이 오랫동안 자산이 된다는 뜻일 테다. 그 대표적인 사례가 '학교 논 만들기'가 아닌가 싶다.

대전시 유천동의 원평초등학교는 학생 수가 500여 명이 넘는 제법 큰 학교이다. 2012년 10월 15일, 학교가 들썩들썩했다. 가을 운동회가 한창인가? 그런데 여느 운동회와는 많이 다르다. 달리기하는 학동들도, 형형색색의 복장과 응원 소리도 들리지 않는다.

시선을 잡아끄는 것은 운동장 한가운데 놓인 큰 오리 모형과 그 주위에 놓인 볏단, 네모난 큰 고무통에서 수확을 앞두고 있는 벼 같은 것들이다. 운동장 둘레에는 투호 놀이, 떡메 치기, 짚풀 공예, 논곤충 관찰하기 등을 체험하는 천막들이 즐비하다. 한 바퀴 돌다보니 이런 저런 재미가 쏠쏠할뿐더러 점심 전인데도 배가 불룩하다. 아이들이 하하 호호 하며 쉴 새 없이 들락거리고, 투호를 던지고 떡메를 친다. 곳곳에 나이 지긋하신 어르신이 선생님과 뒤섞여 떡볶이를 만들고, 떡고물을 묻히고 있다. '초등학생들 할아버지, 할머니가 오셨나?' 하는 찰나, 한쪽에서 "펑" 엄청난 소리가 주위 아파트까지 들었다 놓는다. 흡사 쓰레기장에서 부탄 가스통이 터지는 소리 같다. 깜짝 놀라 가보니 튀밥 기계 터지는 소리다. 정말 오랜만에 들어본다. 그것도 시골 장터가 아닌 도심 한복판 초등학교에서 말이다. 아이들과 뻥튀기를 나누어 받아들고 심심한 입을 달랜다. 오랜만에 느껴보는 구수함과 함께 금세 내 기억은 아련한 유년의 시골 장터로 돌아간다. 점심이 지났을까? 한쪽에서 아쟁 소리에 꽹과리와 북을 앞세운 길놀이를 시작으로 운동장에서 여러 어르신이 모내기를 재현한다. 환갑이 훌쩍 지나셨을 것 같은 어르신들이 3층이나 되는 인간 탑을 쌓고, 맨 위의 어르신이 웃옷을 벗어젖히며 덩실덩실 춤추는 퍼포먼스로 끝을 맺는다. 입이 딱 벌어진다.

나는 오늘, 원평초등학교의
'사람과 벼, 그리고 생명 나눔'이라는 제하의 가을걷이에서
우리 농업의 희망을 보았다. 미래를 보았다.

어디에서 오신 분들이 이리 신명나는 한판을 벌이는 걸까? 홍성 문당리에서 오신 분들이란다. 2011년에 이곳 원평초와 홍성 문당리는 결연을 맺고 교류를 시작했다. 학교 텃논이 계기가 되었다. 학교 홈페이지를 보니, 텃논 체험 행사를 이렇게 안내하고 있다. ① 설명 듣기 ② 1인 1포기씩 모심기 ③ 모둠(6인 1모둠) 토의를 통해 농장 이름 짓기 ④ 교실에서 모심기 체험 보고서 작성하기 ⑤ 등·하교시 꾸준하게 관찰하고 학교 홈페이지 체험학습 게시판에 올리기

6월 홍성의 농부에게 벼와 농업 이야기를 듣는 것으로 시작하여, 아이들의 정성이 깃든 텃논에서 자란 벼들을 드디어 오늘, 가을걷이를 하는 것이다. 처음에는 아이들이 진흙과 물이 담긴 텃논에 손도 대지 않았단다. 더럽고 꺼림칙해서. 그러나 이 아이들의 손을 농부들이 꼭 잡고 같이 한 모를 내고 나면, 그 부드러움과 생경함에 사뭇 놀라면서 자기만의 텃논에 정을 쌓아가기 시작한단다. 교장 선생님이 말씀하신다. 학교에 텃논이 생기고 난 다

음부터 아이들의 성품이 더 고와지고, 말씨도 더 예뻐졌다고. 그 엄청난 변화를 정작 본인도 믿지 못할 정도라 하신다.

그리고 정말 값진 행사도 열렸다. 대전과 서울의 여러 교장 선생님과 충남 친환경농업인연합회가 안희정 도지사와 함께 결연을 맺는 행사이다. 그렇게 마을과 학교가 이어지고 있었다. 그래서 가을 운동회가 가을걷이로 바뀌고, 아이들은 텃논에서 생명을 체험하고 땅을 알아간다. 더불어 생명 나눔을 몸으로 이해해 간다. 몇 해 전부터 원평초의 학교 급식은 홍성 문당리에서 생산된 유기농 쌀로 하다가 이젠 한술 더 떠서 유기농 현미로 먹는단다. 얼마나 놀라운 변화인가!

온양온천초등학교 박주광이라는 학생이 그린 '초록이와 함께 자라는 꿈'이라는 제목의 그림을 보았다. 모심기를 하는 5월 초순부터 가을걷이를 하는 10월 중순까지 그렇게 작은 논은 이 친구들과 함께한다.

이런 학교와 마을이 많아지면 좋겠다. 2011년에 충남의 마을과 학교 논을 같이 일군 14개 학교 중에서 9개 학교가 그 마을의 쌀을 학교 급식에 쓰기 시작했다. 2013년부터는 충남도의 지원으로 100여 학교에서 텃논을 만들었다. 2014년에는 100개 학교에서 신청을 받는데 경쟁률이 무려 5대 1이란다. 1,000개면 1,000개 학교 모두가 이렇게 하면 좋겠다. 그래서 아이들의 작은 손과 가슴 한쪽에 '생명 나눔'이라는 네 글자를 남겨주고 싶다.

아이들이 바뀌기 시작하면 학부모가 바뀌고, 학부모가 바뀌면 농업과 농촌의 미래가 바뀐다. 그래야 한다. 그래야 우리 모두 잘 먹고 잘 살 수 있다. 나는 오늘, 원평초등학교의 '사람과 벼, 그리고 생명 나눔'이라는 제하의 가을걷이에서 우리 농업의 희망을 보았다. 미래를 보았다.

사랑과 정이
넘치는
행복한 마을

    내가 몸담았던 대학은 천안에 있다. 아침 등굣길에 우르르 몰려드는 버스들과 강의실로 찾아드는 학생들을 보고 있자면, 수학여행 시즌 불국사를 보는 느낌이다. 1학년 신입생들에게 수도권에 사는 사람은 손들어보라 했더니 어림잡아 70%가 넘는다. 어느 신문에서 천안시를 '서울시 천안구'라고 비유한 것도 이 같은 이유일 테다.

    전철을 타고 충청남도 아산까지도 갈 수 있는 시대가 열렸을 때 지역 경제 회복에도 한몫하리라는 장밋빛 전망이 앞다퉈 쏟아졌다. 그런데 실상은 호두과자 관광처럼, 그날 와서 점심 한 끼 또는 아산 온천이나 병천 아우내 장터 한 바퀴 돌고 호두과자 하나 사가는 것이 대부분이었다. 물론 이런 단발성 여행이 중요하지 않다는 얘기는 절대 아니다.

수도권의 사전적 정의는 "우리나라의 중심지인 서울특별시와 그 주변에 있는 경기도와 인천광역시를 말하며, 수도권의 면적은 우리나라 면적의 12%인데, 인구, 공업, 자본, 병원, 대학 등은 50% 이상이 집중해 있다."라고 돼 있다. 살기 좋은 곳에 사람이 모여 사는 것이 아니라 살기 위해 몰려 살고 있는 듯하다. 가공할 만한 집중과 불균형이 공존하는 대한민국의 현실에서 농촌의 역할이 무엇이며, 살기 좋은 마을은 무엇인지, 그런 마을은 어떻게 만들어야 할지 생각해본다.

《자산어보》를 쓴 정약전이 귀양 갔던 당시의 흑산도에는 남자 361명, 여자 343명이 살고 있었다고 한다. 뱃길이 얼마나 험난했으면 귀양이나 보내던 당시 그곳에도 말이다. 지금도 하룻길로 다녀오자면 적잖이 심란한 경북 안동이나 강원도 산골짜기에도 서원이 있었고, 마을이 있었다.

그러나 지금은 해도 해도 너무한 서울의 나라가 되어 있으니 "대한민국은 서울과 지방으로 나뉜다."라는 말이 나올 법하다. 그렇다고 일방적으로 수도권 규제 완화를 반대할 수 없는 노릇이다. 서울에 살고 있는 사람들도 엄연한 대한민국 국민의 한 사람이며, 행복할 권리는 다르지 않기 때문이다. 그래서 지역이 어디든 사람이 행복하고 살기 좋은 곳을 만드는 것에 방점을 찍어야 한다. 그것은 나로부터 문제를 풀어가는 좋은 관점이기도 하다.

그래서 시작된 것이 '살기 좋은 마을 만들기'이며, 3농혁신 5대 전략 중에서도 우선순위가 높은 정책 과제이다. 마을 만들기의 사회경제적 효과가 크기 때문이기도 하겠지만, 내가 태어나서 살고 있는 곳을 행복한 삶터, 일터, 쉼터로 만들자는 데 이견이 있을 수 없기 때문이다.

그런데 '마을 만들기'는 한두 가지 잘한다고 해서 쉽게 풀리는 문제가 아니다. 아무리 살기 좋은 곳이라 해도 사람이 없거나 오지 않는 마을, 먹고살 만한 일이 없는 마을은 지속가능할 수 없기 때문이다. 4,500여 개나 되는 충남의 마을이 안고 있는 과제이다.

다행히 주야장천 줄어가기만 하던 농촌 인구가 다소 주춤해지는 추세이다. 농촌 주거 인구가 늘어나고 있기 때문이다. 농업을 주업으로 하든 그렇지 않든, 농촌 인구가 증가한다는 점은 분명 좋은 신호인데, 사람들은 어떤 곳으로 가고 싶고, 어떤 곳에 살고 싶을까?

당연히, 살기 좋은 곳에 사람도 몰린다. 그렇다면 살기 좋은 곳은 어떤 곳일까? 일자리, 교육, 문화, 복지, 환경 등 수많은 변수가 그것을 결정할 것이다. 그런데 똑같은 마을을 두고도 어떤 사람은 "이보다 더 좋은 곳은 없다." 하고, 어떤 이는 "기회만 되면 하루 빨리 떠날 곳"이라 생각한다. 결국, 살기 좋은 곳이란 정주 여건으로 대표되는 객관적인 사회경제적 변수에 의해 결정되면

중요한 것은 그곳에 사는 사람들이고,
그들의 관계가 우선이다.
"마을이 세계를 구한다."

서도 상당히 주관적이기도 하다. 그러니 수많은 정책과 노력이
있었는데도 제대로 된 답을 쉽게 내놓을 수 없는 것은 당연한 일
일지도 모른다. 100인 100색처럼 마을 또한 100가지 색을 가지
고 있는 것이다. 살기 좋은 곳, 우리가 만들어야 할 지역은 유기
적이며 개성을 가진 주체라는 점을 이해하는 것이 우선임을 강조
하고 싶다.

2014년 2월에 일본 오오야마정을 이끌고 있는 히데오 선생과
이야기할 기회가 있었다. 마을을 만들어가는 가장 중요한 원동력
이 무엇이냐는 물음에 그는 이렇게 답하였다. 마을 만들기의 핵
심은 사람을 움직이는 것이며, 그렇게 하는 데는 지속적인 정책
적 지원도 중요하지만 궁극적으로 필요한 것은 열정과 꿈, 그리
고 책임을 가진 사람의 문제라고 말이다. 나는 생각한다. 사람 없
는 마을 없고, 마을에 기대어 살지 않는 사람 없다. 그래서 마을
은 사람이나 다름없는 존재이다.
이런 마을을 구성하는 요소는 무엇일까? 누차 이야기했듯이
마을은 쉼터, 삶터, 일터, 놀이터 등 지역 특성에 따라 다양한 요

소가 상호 복합적이면서 독립적으로 작용하는 곳이다. 어느 마을이든 문제가 없는 곳은 없다. 문제 없이 존재할 수 있는 것은 아무것도 없기 때문이다. 끊임없이 생겨나는 현안을 해결해나가는 과정, 그것이 곧 마을 만들기의 핵심이라는 점도 꼭 덧붙이고 싶다.

큰 대나무가 아름다운 마을을 이루고 있다 하여 '왕대골'이라 부르는 충남 홍성군 구항면 황곡마을의 주민이 쓴 글은 3농혁신의 마을 만들기가 어떤 방향으로 추진되는지 가늠하게 한다. 처음 동력을 만들어내기가 어렵지 한번 만들어진 동력은 마을을 스스로 진화하게 한다.

"희망마을 만들기를 통해 우리 목표가 생겼어요.
출향민과 지역 주민, 외부인 등 우리 마을을 찾는 사람이 늘어나고 있어요.
우리들의 끼를 알게 되어 재미나게 활용해보려고요.
작은 사업, 마을 기업, 홍성군 사업을 준비해서 마을 주민이 함께 진행해보았어요.
우리의 가능성, 자신감을 얻었어요.
살기 좋은 마을 만들기에 최선을 다하겠습니다!"

달고개 모시마을은 충남 서천군 화양면에 있다. 가까이 금강

하구에는 철새 도래지가 있고, 영화 〈공동경비구역 JSA〉 촬영지
로도 유명한 신성리 갈대밭이 넓게 감싸고 있는 곳이다. 화양면
달고개 아래 있어서 '월령月嶺'으로 불리다 1914년부터 '월산리'로
불렸다 한다. 이곳은 60여 가구에 100명 정도가 사는 작은 마을
이며, 60세를 훌쩍 넘기신 고령 농가가 대부분이다.

달고개 모시마을은 지역 특산품인 모시잎을 이용한 식품 생산
및 판매와 도농 교류를 통한 체험 프로그램을 운영한다. 유명한
모시떡의 재료가 되는 모시는 5,000평 정도 재배해서 수확하며,
나머지는 인근에서 조달한다. 그리고 쌀은 서천 농협에서 수매
한 쌀을 1,000가마나 쓴다니 그 양이 만만치 않다. 이곳의 모시떡
은 인터넷 쇼핑몰에서나 고속도로 휴게소에서, 홈쇼핑에서도 높
은 품질을 인정받고 있음은 두말할 여지가 없다. 입에 착착 감기
는 맛이 일품이며, 쉬이 손이 떨어지지 않고 돌아서면 생각나게
한다. 참으로 매력적인 먹거리다.

모시떡이 달고개 모시마을의 주력군이라면, 모시풀 베기, 모시
짜기나 천연 염색 같은 다양한 체험 활동은 1년 내내 이곳으로
사람들의 발길을 끈다. 2012년 마을 공동체 사업 운영 현황을 살
짝 들여다보았다. 총매출액이 4억 6500만 원 정도이고 그중 모시
송편이 3억 9000만 원으로 대부분을 차지하며, 체험장 운영을 통
해서도 7500만 원 수입을 올렸다. 지출액 중 가장 많은 것은 역
시 인건비로 1억 2000만 원인데, 동네 어르신들이 일하는 것이
니 실상 이것은 고스란히 농가 소득으로 나누어지는 것이나 다

름없다. 그러고 남은 영업 수입이 1억 3300만 원이다. 벌이가 쏠 쏠하기도 하지만, 정작 중요한 것은 이 마을을 찾는 사람들이다. 2012년에만 6300명이 다녀갔으니, 한 달 평균 520명 정도가 이곳을 찾아온단다. 그래서 고객 관리 데이터베이스를 만들고, 관리도 하며 3,500여 명에게 DM도 발송하고 있다. 놀랍지 않은가? 10여 년 전만 하더라도 생기를 잃어가던 여느 농촌 마을과 다를 바 없었는데, 이토록 놀랍게 변할 수 있다는 것이 경이로울 뿐이다.

무엇이 달고개 모시마을의 오늘을 만들었을까? 나는 이곳이 마을 만들기 최고의 모델이자 3농혁신의 답을 만들어낸 곳이라 믿어 의심치 않는다. 농업 최고의 핵심 가치라 할 수 있는 안심하고 소비할 수 있는 고품질의 모시떡을 주력으로 하고 있다는 점, 농촌다움을 활용한 다양한 체험 프로그램을 만들고 운영하고 있다는 점, 가장 중요한 것은 지역 주민이 이 모든 것을 꾸려가고 있으며, 충남도와 서천군과 유기적 관계를 형성하고 있다는 점 등이 그 이유이다. 또한, 모시를 재배하여 지역의 개성을 살리고 쌀은 인근 지역에서 조달하며, 도시민과의 체험을 통하여 융복합과 확대 재생산이 이루어지고 있다.

그 힘은 마을 주민 100%가 마을 공동체 사업에 참여하는 데서 나온다. 한 집도 빠짐없이 말이다. 아랫집 윗집이 가까우면서도 먼 우리 농촌 사회의 특성상 한 집도 빠지지 않는다는 점은 정말 대단하다. 그리고 이곳의 마을 만들기는 비교적 짧은 시간에 이루어졌다는 점도 눈여겨볼 대목이다. 홍성의 문당리나 아산의 푸른들 영농조합법인 등 좀 된다 하는 공동체는 대부분 20여 년이 넘는 오랜 과정을 통해 만들어졌다. 2004년에 공동 생일잔치로부터 시작된 이곳의 마을 만들기는 이제 갓 10년을 넘기고 있다. 우리는 이 10년에 주목해야 한다. 특히나 60세가 넘는 고령의 가구들과 지도자의 식지 않는 열정이 오늘의 달고개 모시마을을 만들었다는 사실 하나만으로도 본보기가 되기에 충분하다.

처음부터 이렇게 좋지는 않았을 테다. 공동체와 마을 만들기 사업에 대한 이해도 부족하고, 나이 많은 어르신들의 어눌함이 젊은 친구들의 손놀림에 비할 수 있었겠는가? 그리고 회계니 정산이니 하는 어려움은 지금도 어려운 숙제지만, 양만규 위원장께서는 이렇게 얘기한다. 마을 만들기에서 부가가치 창출, 즉 소득을 높이는 것도 중요하지만, 그 핵심은 '사랑과 정이 넘치는 행복한 마을'을 만들어가는 데 있다고 말이다. 절대적으로 동의한다. 그간 마을을 이간질시키고 독이 되었던 보조금을 숱하게 보아왔다. 하지만 이런 마을에서 보조금은 보약이다. 중요한 것은 그곳에 사는 사람들이고, 그들의 관계가 우선이다. 노구의 지도자는 쩌렁한 목소리로 또 말씀하신다. "마을이 세계를 구한다."

생산자와 소비자가
함께 만드는
착한 기금

농업진흥기금, 농수산물가격안정기금, 농지관리기금, 친환경농업육성기금, 국제농업개발기금…… 도대체 무슨 기금인지 다 알수 없을 정도로 많은 기금이 있다. '기금'은 특정한 목적을 위해특정한 자금을 신축적으로 운용할 필요가 있을 때 조성하는 특정자금을 가리킨다. 요즘 특정한 목적이 많아서인지 최근 각 지자체는 농업 분야 예산과는 별도로 운영되는 농업 기금을 조성하고덩치 불리기에 바쁘다. 1000억이 넘는 농어촌진흥기금을 쌓아둔지자체도 있단다. 가뭄에 태풍까지 이중 삼중고를 치르고 있는와중에 그 피해를 일부나마 보상해줄 수 있는 장치가 있다는 것이 그나마 다행이라는 생각도 든다.

우려되는 점도 없지 않다. 기금이 만들어진 이유에 충실하고 있는지, 어렵사리 모아진 기금을 실적으로만 쌓아놓는 것은 아닌지 등 기금을 보다 잘 활용하려는 고민이 필요한 시점이다. 우리 3농의 문제를 해결해나가는 중요한 실마리가 기금이라는 사실을 부인할 수 없기 때문이기도 하다. 수많은 농업 기금이 선뜻 피부에 와닿지 않는 이유 중 하나는 세몰이 식 필요성에 따라 만들어졌다가 금세 존재감을 상실해버린다는 데 있다. 내 주머니에서 나가는 쌈짓돈이 아니기 때문인가?

기금이 특정한 목적에 서너 갑절 폭발력을 가지려면 기금의 역할에만 치중할 것이 아니라 기금을 형성하고 집행하는 과정에도 초점을 두어야 한다. 며칠 전 아들 녀석이 '10분 안마권 오백 원' '구두닦기권 천원' 등이 적힌 티켓을 팔았다. 그 위세에 아니 살 수 없어서 몇 장 사기는 했다. 뭐하려고 그러느냐 물었더니 다 쓸 데가 있단다. 궁금하기는 했으나 자기 나름대로 특정한 목적이 있으려니 하고 묻지는 않았지만, 하여간 뭔가 해보려고 목표를 세우고 그 목표를 실현하려고 '티켓 판매'라는 수단을 수립해서 나름 열심히 하고 있다는 점이 가상했다. 기금 정책의 기본 역시 여기에 있지 않나 싶다.

충남 아산에는 푸른들 영농조합법인이 있다. 400여 농가들이 지역을 기반으로 최고의 먹거리를 생산하는 공동체이다. 푸른들을 중심으로 도시의 소비자와 함께 '천안·아산 한살림'을 만들었고, 천안에 두 곳, 아산에 한 곳 등 도시 내 판매장도 여러 곳이다.

소비자가 적립한 100원과
방바닥에 나뒹구는 100원의 가치가 같을까?
결코 같지 않다.
소비자의 주머니에서 나온 100원은
소비자와 생산자를 건강한 신뢰의 끈으로 이어준다.

이들은 2004년부터 '농업안정기금'을 운용하고 있다. 여론에
등 떠밀려 어디서 싹둑 떼어와 윗돌 빼서 아랫돌 괴는 방식이 아
니라, 도시 소비자의 정성을 한 푼 두 푼 모으는 방식이다. 매장
에서 1만~2만 원어치를 사면 100원, 2만~3만원은 200원, 3만
~4만 원은 300원, 4만~5만 원은 400원을, 5만 원 이상은 일괄
500원을 적립한다. 1만 원 미만 소액 구매는 예외이고, 집으로 공
급되는 물품에는 일괄적으로 500원이 농업안정기금으로 적립
된다. 이렇게 적립된 100원들이 쌓여 수억에 달한다. 이 착한 기
금은 천재에 의한 피해 지원과 생산 과잉이나 수급 불균형에 따
른 손실 보전 등 생산자 조합원을 응원하는 데 쓰인다. 기금 운
용에 관해서는 소비자와 생산자가 참여하는 기금운영위원회에
서 결정하고, 총회에 보고한다. 일례로, 유기 재배를 하는 논에 공
급되는 수질 개선이 절실하다는 생산자들의 의견에 따라 기금운
영위원회가 열려 필요와 집행 규모를 신중히 검토하여 결정하고,

생산자들은 이 기금을 밑천으로 하천 정화 처리 시설을 공동으로 작업한다. 이 시설이 완공될 즈음에는 도시의 소비자를 지역으로 초대한다. 돼지 잡는 날이다. 모두 잘되자는 고사도 지내고, 생산자와 소비자가 어울렁 더울렁 한바탕 신명나는 잔치가 벌어진다. 기금 문제의 정답이 아닐까 싶다.

소비자가 적립한 100원과 방바닥에 나뒹구는 100원의 가치가 같을까? 결코 같지 않다. 방바닥의 100원은 자판기의 커피 한 잔을 뽑는 정도이겠지만, 소비자의 주머니에서 나온 100원은 소비자와 생산자를 건강한 신뢰의 끈으로 이어준다. 이것이 폭발력이고, 우리 농업이 가야 할 '오래된 미래'이다.

곡물 자급률의
불편한 진실,
가나안 농장의 해법

충남 도청과 멀지 않은 덕산에 얼마 전 식당 한 곳이 문을 열었다. '이연원의 오메가3 돼지'. 농장주 이름을 맨 앞에 내건 것도 그렇고 '오메가3 돼지'라니 생소하다. 이연원은 가나안 농장의 대표이며 우리나라 최초로 유기농 돼지 사육에 성공한 신지식 농업인으로도 널리 알려진 사람이다. 1996년 농장이 문을 연 이래 2002년에는 무항생제 농장 인증, 2006년에는 유기농 농장 인증을 받았고, 지금은 약 4,000~5,000마리 규모의 계열 농장에서 매달 400~500마리를 출하하고 있다. 섬유학과를 졸업하고 건축을 하다 축산업으로 진로를 바꾼 그의 이력에서 엿볼 수 있듯이, 변화와 도전이 일상인 이연원의 가나안 농장에서 우리 축산의 방향을 모색해보고자 한다.

우리 축산업의 속살

대한민국은 한국전쟁의 상처를 딛고 단기간에 산업화에 성공했고, 이제는 세계 어디에 가도 명함 내밀 정도는 되었다. 대형마트 진열대에 즐비하게 놓인 수많은 상품과 먹거리를 보는 것만으로도 우리가 얼마나 잘사는지 알 수 있다. 우리만 모르고 있는 것 같다. 어쩌다 외국인과 식사할 기회가 생겨 한식 한 상 대접하고 나면, 한국을 떠날 때까지 그의 입에서는 "원더풀 코리아"가 떠나지 않는다. 세계적으로도 이토록 짧은 기간에 이만한 풍요를 누리는 나라가 몇이나 될까?

먹고살기가 나아지면서 덩달아 늘어난 것이 육류 소비다. 이 땅에서 대략 한우는 300만 마리, 그리고 돼지는 1000만 마리가 같이 살고 있다. 우리나라 국민 15명꼴로 소 1마리, 돼지 3마리, 닭은 대략 45마리씩 키우고 있는 셈이다(통계청 발표, 2014년 1/4분기 가축동향조사 결과). 잘 키워 잡아먹어야 하니 잘 먹여야 하고, 곡물도 나누어 먹고 있으니 가축도 엄연한 식구이다. 식구가 이렇게 늘다 보니 같이 나눠 먹을 곡물의 양도 느는 것이 당연하다. 2013년도에 생산된 쌀이 420만 톤 정도인데, 소와 돼지에게 먹이려고 수입한 사료 곡물이 1500만 톤을 넘었다. 쌀 생산량의 4배에 육박한다. 나는 이것이 형편없는 대한민국 곡물 자급률의 실체라고, 한편으로 곡물 자급률을 높이는 해법은 바로 여기서 찾아야 한다고 생각한다.

축산의 문제는 비단 곡물 사료 문제만이 아니다. 식구 여럿을 건사하려면 누추하나마 방 한 칸이라도 마련해줘야 한다. 그래서 논 한가운데나 마을 입구를 차지하고 있는 축사들은 이제 농촌 어디서나 볼 수 있는 일상의 풍경이 되어버렸다. 경관은 둘째 치고 분뇨 냄새 등으로 이러지도 저러지도 못하는 동네의 골칫덩어리가 된 것이다. 민원 1순위다. 더군다나 일정 규모 이상 되는 농장에서 배출하는 축산 분뇨는 이제 더 이상 자원이 아니라 법에 걸리지 않도록 처리해야 할 폐기물에 불과할 뿐이다. 고기 많이 먹고, 소득도 많이 올리기만 하면 최고인 줄 알았던 축산 정책의 결과가 이렇게 곡물 자급률의 문제, 환경 문제로 부메랑이 되어 돌아오는 현실을 그대로 놓고 볼 수만은 없는 일이다.

풀 뜯어 먹는 소리

간단하다. 23.1%라는 곡물 자급률을 개선하려면 돼지들이 먹는 옥수수 같은 곡물 사료를 안 먹이거나 덜 먹이면 된다. 이렇게 얘기하면, 무슨 풀 뜯어 먹는 소리냐고 말하는 사람이 있을 것이다. 그렇다. 풀이 답이다. 풀을 먹여야 한다는 것이 가나안 농장에서 실천하고 제안하는 해법이다.

언제부터 그리고 왜 소와 돼지가 옥수수를 먹었는지 생각해보아야 한다. 분명, 얼마 전까지만 해도 소 먹이려 옥수수를 재배하지 않았고 옥수수 몇 개로 하루를 연명하는 지구촌 사람도 많다.

1960년대 세계적으로 과잉 생산된 곡물의 소비처가 어처구니 없게도 소와 돼지 같은 가축에게 흘러들었다. 물론 여기에 조사료를 먹이는 데 비해 빨리 살을 찌울 수 있다는 효율성의 논리가 덧붙여졌다. 곡물이 남아서 소를 먹이고, 고기 공급이 증가하니 고기값은 떨어지고, 사람들은 더 많이 고기를 소비하게 되었고, 다시 사육 두수는 늘어나서 곡물 생산을 촉진하는 결과로 이어졌다. 사료 곡물을 재배할 수 있는 경작지와 소를 키울 수 있는 목장이 필요했다. 인간의 이러한 필요는 아마존의 열대림을 불태우게 만들었고, 아마존이 눈물 흘릴 수밖에 없도록 만들었다. 그러는 동안 공장식으로 사육되는 소와 돼지는 더 이상 거친 조사료인 풀 따위는 소화할 수도 없고 입에 대지도 않는 귀하신 몸이 되어버렸다.

다시 되돌려야 한다. 가축에게 풀을 먹이면 적어도 곡물 자급률은 직접적으로 낮출 수 있으며, 간접적으로 환경 회복은 물론 소비자의 안전성이라는 측면에서도 효과가 크다. 왜 돼지에게 풀을 먹여야 하는지는 왜 우리가 밥을 먹어야 하는지와 같은 질문이다. 모든 가축은 원래 풀을 먹었다. 돼지에게 풀과 곡물 사료를 함께 주면 그중 풀을 먼저 먹는 이유도 이 때문일 것이다. 1950년대까지만 하더라도 전 세계 어느 나라든지 재래종 돼지는 풀을 먹고 자랐다. 가축의 유전자에 가장 잘 맞는 먹이를 먹었던 것이다.

돼지가 풀을 먹어야 하는 두 번째 이유는 경제성 때문이다. 양

돈은 생산비 중 사료비 비중이 60% 가까이 되기에 돈을 좀 만지려면 곡물 사료 비중을 줄이고, 조사료 비중을 늘려야 하는 것은 당연하다. 일반 사료는 kg당 약 600원인 데 반해, 조사료는 150원에 불과하니 뭐가 이득이겠는가?

오메가3와 농축불이

가나안 농장에서는 유기 돼지와 오메가3 돼지 두 종류를 출하하고 있다. 유기 돼지는 배합 사료 80%, 발효 조사료(갈대) 20%를 혼합한 펠릿 사료를 먹이고, 오메가3 돼지는 배합 사료 45%, 은행잎 부산물 30%, 식품 부산물 10%, 기타 원료 15%를 섞어 만든 펠릿 사료를 주고 있다. 모두 주위에서 얻을 수 있는 부산물이고 스쳐버리기 쉬운 자원이다. 풀 먹인 돼지들은 곡물 사료 섭취량이 줄면서 돼지 특유의 냄새를 줄일 수 있고, 풀을 먹으면 불포화지방산 함량이 높아져 식어도 지방이 굳지 않고, 맛도 좋다고 한다.

무엇보다 중요한 것은 소비자에게 자연에 가깝고 안전한 먹거리를 공급할 수 있다는 점이다. 얼른 이해가 가지 않겠지만, 가나안 농장의 돼지는 오메가 지방산의 불균형을 어느 정도는 해소해나가고 있다. 연구에 따르면, 오메가3와 오메가6 지방산의 비율을 맞추는 것이 건강에 좋다고 한다. 자연계의 오메가 지방산은 오메가3 지방산과 오메가6 지방산이 1:1에서 1:4 범주 내에서 균형을 이루고 있는데, 곡물 사료만 먹이면 돼지의 몸은 오메가6

답은 논에 있다. 가나안 농장과 같이
가축들이 먹는 옥수수를 양질의 조사료로 바꿔나가려면
쌀을 수확하고 난 논에 이모작을 해야 한다.

지방산의 비율이 급증해 1:60의 불균형 상태로 변화된다고 한다. 그래서 가나안 농장은 자연계와 가까운 상태를 유지하는 자연식품 돼지고기를 생산하자는 생각으로, 풀을 혼합해 먹였더니 오메가3와 오메가6 지방산 비율이 1:4 수준을 유지하게 되었다는 것이다.

가나안 농장을 가보니 자기들 축사는 냄새가 없다고 자랑이 대단하다. 특허도 있다. 돈사에 톱밥을 깔아놓고 돼지 분뇨가 톱밥과 섞이게 하여 미생물에 의해 자연히 분해되도록 하고 이 톱밥은 최고의 비료가 되어 논밭으로 가는 자원 순환 방식이다. 대부분 그렇듯이 돈사에 항생제나 소독약을 뿌리면 유익균도 살 수가 없는데, 톱밥을 깔면 그 안에 있는 미생물에 의해 질서가 잡힌다고 한다. 톱밥 안에 있는 미생물은 유익균주이다. 이 유익균주는 양이온을 좋아하고, 식물의 광합성에 의해 얻어지는 탄수화물을 먹이로 삼는다. 그리고 발효라는 과정을 거쳐 세상의 유기물을 분해하며 산화 효소를 만들어낸다. 돼지의 똥과 오줌은 단백질을 12% 정도 함유하고 있는데, 톱밥과 섞이면 3~5% 미만으로 떨어

지게 된다. 자연스럽게 부패균주가 좋아하는 조건이 아니라 발효
균주가 좋아하는 조건이 되며, 이를 통해 좋은 퇴비가 만들어지
는데, 인근 홍성의 친환경 농가에 무료로 공급하고 있단다.

결국, 돼지에게 풀을 먹이면, 오메가 지방산의 비율이 자연계
와 비슷한 상태를 유지하게 되니 돼지도 좋고, 똥과 오줌은 돈사
에서 질 좋은 퇴비가 되고, 소비자는 맛도 좋고 건강에도 이로
운…… 도대체 이게 일석 몇 조인가?

이모작의 경제학

곡물 자급률을 높이려면 공급과 수요 측면 모두에서 길을 찾아
야 한다. "애써 지어 먹을 필요 없이 사다 먹으면 된다."라는 말은
국제 곡물 시장의 안정성을 전제로 해야 하는데, 기업 이익에 기
반한 국제 곡물 메이저들이 장악한 국제 곡물 시장은 본질적으로
불안정할 수밖에 없다. 공급의 안정성을 높이려면 자급률을 향상
시켜야 하는데, 답은 논에 있다. 가나안 농장처럼 가축들이 먹는
옥수수를 양질의 조사료(풀)로 바꿔나가려면 쌀을 수확하고 난
논에서 이모작을 해야 한다. 이렇게 가축들이 먹는 조사료의 공
급을 늘려나가는 한편, 수요를 관리하는 정책을 추진해야 한다.
농촌진흥청의 최기준 박사는 다음과 같이 이야기한다.

"우리나라 양질 조사료 생산 기반은 논, 밭, 간척지 등 여러 가지
가 있다. 그중 제일 중요한 양질 조사료 생산 기반을 꼽으라면 바

로 논이다. 현재 우리나라 벼 재배 면적은 약 87만 4000ha이고, 벼 재배 후 휴경 기간을 이용한 사료 작물 재배가 가능한 논 면적은 약 61만 2000ha로 약 70%에 달한다. 반면, 현재 밭을 이용한 조사료 재배 면적은 약 5만 ha이나 다른 경제 작물과의 경합이 심해 재배 면적의 확대가 쉽지 않다. 따라서 우리나라 실정에서 경지 정리가 잘 되어 있는 논을 생산 기반으로 '쌀+양질 조사료 생산=식량 자급률 제고'라는 정책이 필요하다. 만약, 답리작 재배가 가능한 논 면적의 70%에 해당하는 42만 8000ha에 겨울철 사료 작물을 재배한다면 299만 6000톤의 양질 조사료 생산(ha당 7톤 기준)이 가능하다. 이는 우리나라의 소가 연간 먹는 총 배합 사료량(603만 2000톤)의 33%(197만 7000톤)에 해당해 연간 1조 596억 원의 배합 사료비를 절감할 수 있다."

우리와 비슷한 농업 형태를 가진 일본이 왜 식량 자급률을 법으로 정하고, 이를 올리려 사력을 다하는지 진지하게 생각해보아야 할 때이다. 러시아, 호주가 왜 식량 수출을 제한하기 시작했는지도 생각해보아야 한다. 곡물 자급률은 주권의 문제이기 때문이다.

시작은 미약했다. 구제역이나 가격 파동으로 인한 피해를 온몸으로 받아가며, 이연원 대표는 기존의 방식으로는 위기를 헤쳐나갈 수 없다는 생각에서 항생제를 안 쓰는 것으로부터 시작했다고 한다. 처음에는 기능성을 생각해서 인삼, 타우린 같은 것을 먹여

봤는데 그렇다고 돼지 한 마리에 인삼, 타우린 성분이 얼마나 들어가겠느냐는 생각에 아무리 좋다는 물질이라도 무엇을 첨가하는 것보다 첨가가 안 된 깨끗한 돼지가 가장 이상적이라고 판단하고 유기농 곡물 사료만 이용한 무항생제를 시작했다고 한다.

이제 가나안 농장에서는 건강한 돼지를 공급하며, 이를 키우는 농장이 주위에 포진해 있다. 시설비, 돼지, 사료 등의 자금을 지원해주고 농가에서는 매뉴얼대로 할 수 있도록 품질 관리나 기술 지도도 해주면서 농가를 실질적으로 조직화하는 것이다. 일종의 가맹점 방식인데, 참여하고자 하는 농가가 많다고 한다. 처음에 돼지 10마리로 시작해서 1997년 즈음에 100마리가 되었고, 지금은 4,000~5,000마리로 늘어서 6개 계열 농장의 매출액이 60억 원 정도라고 한다. 그리고 앞으로 가공 부문까지 합쳐 1000억 원 이상의 매출을 올리는 것이 목표라고 한다. 이연원 대표는 국민이 축산의 개념을 바로 알아주셨으면 하는 게 가장 큰 바람이란다. 축산은 단순히 먹는 고기를 얻기 위함이 아니라 우리가 살아가는 데 없어서는 안 될 식량 자원을 지속가능하게 생산해주는 또 다른 한 축이라는 것이다. 농축불이, 농업과 축산은 둘이 아닌 하나이다. 이를 위해 우리 국민과 축산, 그리고 농업의 공감대 형성이 간절히 필요하다는 제언에 길이 보인다.

직불제,
대한민국 농정이
가야 할 큰 길

농가 환경 기록 작성 1ha당 1포인트, 돌담 보호·관리 100m당 15포인트, 전통적인 농장 건물 유지관리 1m²당 2포인트, 딱정벌레 집단 서식지 구축 1ha당 580포인트…… 별게 다 있다 싶은데, 이는 포인트로 쌓으면 현금으로 지급하는 영국 농업 환경 프로그램의 일부이다.

광물질 비료의 사용 포기 1ha당 350유로, 급경사 구릉지의 초지 정리 50% 이상 1ha당 600유로, 하천 주변 및 민감 지역 경지의 초지 전환 1ha당 370유로…… 이는 독일 바이에른 주 경관 보전 직불 프로그램의 일부이다. 독일 농촌 어디서나 볼 수 있는 달력 같은 풍경은 거저 나오지 않았구나! 고개가 끄덕여진다.

가금류 횃대 설치, 15룩스 이상 자연 조명, 무리 사육 등을 실천하면 1마리당 90~280프랑, 5~10월 중 월 26회 이상, 11~4월 중 월 13회 이상 방목하여 조사료를 먹이는 가축 1마리당 155~280프랑, 여름 방목 1마리당 330프랑…… 스위스 동물 복지 직불 프로그램의 일부이다. 스위스의 닭과 소는 나름 살 만하겠다.

직접 지불제direct payment system는 말 그대로 정부가 농업인에게 현금 또는 현물을 직접 지원하는 제도로, 소득 감소분 일부라도 채워주기 위해서이기도 하고, 농업과 농촌이 발휘하는 다양한 공익적 기능에 대한 보상 차원이기도 하다. 우리나라는 농가 소득 보전 차원에서 접근하고 있는 데 비해 선진국은 후자의 공익적 직불 프로그램 중심이며, 예산 규모는 날로 확대하는 추세이다.

우리나라의 직불제는 공익형, 소득 안정형, 구조 개선 촉진형으로 구분하고 있으며, 가장 대표적인 것이 쌀 수매 제도 폐지에 따라 2005년에 도입된 고정 직불금이다. 이외에도 친환경농업 직불제, 경관보전 직불제, 경영이양 직불제 등 나름 구색을 갖춰 시행 중이다. 직접 지불 관련 예산은 2003년에 6432억 원이던 것이 2012년에는 1조 6833억 원으로 증가했고, 이것저것 합치면 농림축산식품 분야 예산 중에서는 16.1%를 차지하고 있다.

우리나라 직불제의 추진 방향
우리와는 농업 환경과 여건이 판이하게 다르지만, 외국의 직불 프로그램의 전체적인 틀, 그리고 운용 방법을 꼼꼼히 살펴볼 필요가 있다. 상황은 다르지만, 이미 그들도 농어업·농어촌의 혹독한 구조 조정을 경험했고, 또 극복해나가는 과정이니 방향은 크게 다르지 않으리라는 생각 때문이다. 우리와의 차이는 무엇이며, 앞으로 어떻게 추진해야 할까?

첫째, 선진국은 직불 프로그램을 단순한 소득 보전 차원에서 접근하는 것이 아니라 농어업 정책, 농어촌 정책, 농어민 정책을 하나로 묶어내는 대표적인 정책 수단으로 삼고 있다. 돌담과 초지는 왜 보호하며, 딱정벌레 서식지에 왜 돈을 주겠는가? 직불 프로그램을 산업적, 환경적 문제를 주도적으로 해결해나가는 나침반이자 핵심 축으로 활용하고 있는 것이다. 우리도 직불제를 공격수로 하고 생산, 복지 등 다양한 정책 수단을 수비수로 하는 유기적인 포메이션을 하루 빨리 구축해야 한다. 직불제를 중심으로 농정의 큰 틀을 짜자는 것이다.

둘째, 직불제의 확대를 통해 중앙과 지방의 합리적인 역할 분담과 분권을 촉진하고 있다는 점에 주목할 필요가 있다. 우리의 직불제는 중앙에서 편성해 내려주는 하향식이며, 지역의 여건과 특성을 제대로 반영하고 있지 못하다는 아쉬움이 있다. 독일과 영국은 지방 정부 사정에 따라 자체의 농업 환경 프로그램을 운영하며, 재원 또한 중앙 정부와 분담하고 있다. 충남에서는 독자적으로 벼 재배 농가 경영 안정을 위한 직불금을 ha당 23만 원씩 모두 286억 원이나 지원한다. 재원은 100% 도비와 시·군비로 충당한다. '그들 사정'으로 남겨둘 것이 아니라 지방의 현실에 눈높이를 두고 단추를 꿰어가야 한다.

셋째, EU와 미국 할 것 없이 농업 관련 예산에서 직불 예산 비중을 갈수록 늘리는 것이 대세이다. 우리나라의 직불 예산 비중은 취약 농가 인력 지원, 영유아 자녀 양육비 지원 등 이것저것 비슷한 것끼리 뭉뚱그려 16.1% 정도이다. 일본만 하더라도 2013년 농림수산성 예산 3.3조 엔 중 직불 예산은 23.6%에 달한다. 우리의 농업 예산에서 직불금 비중을 대폭 늘리는 것은 물론이며 환경·지역·복지 예산의 통합적 관리도 필요하다. 대통령도 "부처 간 칸막이를 속히 걷어내라." 하지 않는가.

가장 중요한 것이 있다. 선진국 모두 국민의 동의와 공감대에 기초한 '큰 틀'에서 직불 프로그램을 시행하고 있으며, 정부의 주된 역할이 여기에 있다는 점이다. 국민의 동의 없이 지속될 수 있는 정책은 없다. 국민 모두가 나서 3농을 지켜야 한다는 '큰 틀'과 함께 '안정적 식량 공급, 농업 경관의 유지, 인구의 분산, 환경 친화적 생산의 증진 등'을 헌법 104조에 명시하고 있는 스위스를 다시 한 번 쳐다보자.

직불제는 WTO가 허용하는 보조금을 통한 소득 보전 정책이라는 측면에서 무척 바람직한 제도이다. 또한, 다른 정책과는 달리 제도 시행까지 많은 우여곡절이 있었는데도 첫 단추는 잘 꿰어지지 않았나 싶다. 그러나 이 제도의 취지가 농업의 외부 경제 효과

직불제의 확대·발전은 산적한 3농 문제의
실마리를 푸는 단초로 농가 소득 구조의 안정뿐만 아니라
국제 곡물 시장의 불안정성을 대비하고
식량 안보 효과를 극대화시킬 수 있다.

(돈으로 보상하지 않는 공익적 기능 같은 것)를 극대화하고 이 효과를
가격 기구 내에서 보상해 3농의 발전에 기여하고자 한 것이라면,
앞으로 이 제도는 많은 점을 보완해나가야 한다.

우리나라의 직불제는 논 농업의 공익적 기능과 농가 소득 보전
이라는 측면에 중점을 두어야 할 필요가 있다. 이러한 원칙을 세
우면, 지원 기준이 단순화될 수 있을 뿐만 아니라 행정 수요 역시
큰 부담이 되지 않는다. 직불제의 확대·발전은 산적한 3농 문제
의 실마리를 푸는 단초로, 농가 소득 구조의 안정뿐만 아니라 국
제 곡물 시장의 불안정성을 대비하고 식량 안보 효과를 극대화
할 수 있다. 또한, 세계 각국은 WTO를 새로운 다자간 무역 협상
으로 발전시키자는 데 대부분 동의하고 있지만, 정치·사회적으
로 민감한 농산물 협상은 국가 간 견해 및 입장 차이와 대립을 지
속하고 있으므로 직불제의 확대 실시는 농산물 시장 개방의 파고
앞에서 우리 3농을 지킬 수 있는 효과적인 방안이다. 어디 그뿐
인가. 직불제의 확대는 농어업이 발휘하는 홍수 조절, 토양 보전,

지하수 함양, 대기 정화 효과 등 다원적 기능을 더욱 발전시켜 국민경제적 편익 증대에 기여할 것이다.

상생의 논리가 시장 경제 체제에서 논리적 근거를 가지려면 어떤 형태로든 농어업의 공익적 가치에 대한 가격 보상이 반드시 이루어져야만 한다. 그래서 직불제의 확대는 '21세기 농업'의 가장 핵심적인 키워드라고 할 수 있다. 그러나 문제는 비농어업계의 냉소적 시각과 농업에 대한 평가절하이다. 갈수록 농어업이 총생산에서 차지하는 비중이 감소하고 있고, 농어민의 감소 및 고령화라는 큰 문제뿐만 아니라 농어업의 가치에 대한 국민적 공감대가 허물어지고 있다. 따라서 우리 국민이 한결같은 목소리로 농어업 발전의 도상에 설 수 있도록 농어민, 정부, 학계 할 것 없이 노력을 경주해야 한다. 그럴 때만이 농어업은 존재의 의미가 있고 발전할 수 있다. 직불제가 손바닥으로 하늘 가리는 미봉책이 되지 않으려면 적용 범위 및 지원 규모가 혁신적으로 확대되어야 한다.

충남에서 제안하는 직불제

충남에서 제안하는 직불제(충남발전연구원, 2013)는 농어업·농어촌의 공익적 기능이 반영된 가치지향적 직불금 제도로 전환하고, 이것이 농어가 소득 증대로 연결될 수 있도록 하자는 것이다. 이미 일본, 스위스, EU에서 그렇게 하고 있으며, 농정의 방향 자체를 산업 정책의 관점에서 지역 정책의 관점으로 크게 전환하고 있다. 우리가 주장하고 있는 것과 다르지 않게 농어업·농어촌의 공익적·다원적 기능을 강조하면서 소득 보조를 하고 있다. 직불금 제도 개선의 큰 방향은 농어업·농어촌의 다원적 기능에 대한 보상과 지원으로 목적을 전환하여 농어업, 환경, 농어촌이라는 세 가지 축으로 접근해야 한다는 것이다.

제1축은 희망 농업 직불 프로그램으로, 식량 자급률 향상과 후계 인력 양성에 초점을 두고 있다. 기존의 쌀·밭·조건 불리 직불제의 통합적 운영과 지원 프로그램을 제공하는 식량 자급 프로그램, 45세 미만 신규 취농·귀농자를 대상으로 직불금·프로그램을 운영하자는 젊은 농부 프로그램이다.

제2축은 생태 경관 직불 프로그램으로, 농업 생태·농촌 경관의 보전 유지에 초점을 두고 있다. 환경친화적 저투입 농업 활동에 대해 직불금·프로그램을 제공하는 농업 생태 프로그램과 농촌의 자연·문화경관 보전 활동에 대해 직불금·프로그램을 제공하는 농촌 경관 프로그램으로 구성된다.

제3축은 행복 농촌 직불 프로그램으로, 농촌 공동체·일자리 창출 등 안전망 확충에 초점을 두고 있다. 농촌 공동체 프로그램은 농촌 어메니티amenity 증진을 위한 공공사업 일자리를 제공하며, 농촌 안전망 프로그램은 농촌 안전망 증진을 위한 농촌 사회 일자리 제공 및 서비스를 제공한다.

문제는 예산이다. 제안한 직불제를 운영하려면 현재 투입되는 1조~1.5조 원 규모에서 더 나아가 4.2조~5.1조 원 정도가 필요하다. 추가적인 재원은 기존 농업 예산을 리모델링(제1축, 2.1조 원 규모)하고, 농식품부 이외의 부처에서 시행 중인 농촌 관련 예산을 농식품부 차원에서 협력적 집행 방식으로 확보(제2축과 3축, 4.6조 원 규모)하면 충분히 실현 가능할 것으로 보인다.

앞으로 남은 것은 농식품부와의 사전 협의는 물론 토론회, 법률 제·개정 제안을 위한 지속적 연구 등이 필요하겠지만, 문제는 지방 정부에서 제안하는 역과제를 대하는 중앙 정부의 자세이다. 소통과 협동의 마음가짐, 만나고 내려놓기, 그리고 나누고 이어가는 자세 말이다.

중왕 어촌계,
소통과 협동의
마음가짐

중왕 어촌계는 가로림만을 마주하고 있는 서산시 지곡면 중왕리에 있다. 101가구에 270명 정도가 서로에게 기대어 사는 터전이다. 서산 갈산교회 안인철 목사님은 가로림만을 다음과 같이 얘기한다.

"충남 서산·태안에 걸쳐 있는 가로림만은 어머니의 자궁 같은 곳입니다. 수많은 자연생물이 생명을 잉태하고 보육할 뿐만 아니라, 서산시 어업 인구의 92%와 태안군 어민 25%가 그 품속에서 살아왔고 살아가야 할 곳입니다. 발전회사는 그곳에 댐을 막아 조력 발전소를 짓겠답니다. 많은 분이 조력 발전을 태양광 발전이나 풍력 발전 같은 친환경 에너지 또는 신재생 에너지로 알고 있지만 절대로 그렇지 않습니다. 항아리처럼 생긴 가로림만의 입구를 댐으로 막고 발전기를 설치하는 댐 발전소입니다. 댐이 바닷물의 흐름을 막으니 어떤 곳은 해수 교환율이 4.4%밖에 되지 않아 수질 악화 등 생태계 훼손은 물론 어민의 생계 터전이 파괴될 것은 불 보듯 뻔한 일입니다."

—《한겨레》, 2014. 3. 24.

가로림만 앞에 서면, 들물과 날물이 쉼 없이 오가며 만들어낸 갯벌을 보는 것만으로도 넉넉함과 평온함을 느끼게 된다. 몇 척의 어선이 기우뚱해진 채로 들물을 기다리고, 날물을 맞은 사람들은 어지간히도 분주하다. 갯벌과 사람, 바다가 만들어내는 풍경이 아름답다. 굴을 따 항구로 나르기도 하며, 감태를 양식하는 망도 수리하느라 바쁘다. 물론 낙지 잡는 일도 빼놓을 수 없다. 들물과 날물의 차가 세고, 깊고 넓은 갯벌은 이곳 낙지가 단연코 세계 최고일 수밖에 없는 이유이다. 낙지는 제철이 없이 밀국낙지(어린 낙지)부터 철마다 각기 다른 맛을 선사할뿐더러 쓰러진 소도 벌떡 일으켜세운다 하지 않는가. "꿀꺽" 침 넘어가는 소리가 요란하다.

이 마을 사람 대부분은 일 년 열두 달 낙지를 잡는다. 그중에서도 으뜸가는 네 명의 고수가 있단다. 다른 분들이 일찍이 낙지를 잡으러 나갈 때 이분들은 유유자적 담배 한 대 피워 물고, 이런저런 세상사는 이야기로 한껏 여유를 즐긴다. 때가 되면 서서히 나가 웬만큼 한다하는 사람도 혀를 내두를 만한 '절정의 삽질'을 하는데, 갯벌을 엎는 족족 낙지가 딸려 나온단다. 절정 고수들의 노하우는 한마디로 '때를 잘 알고 기다리는 것'이다. 제아무리 설레발을 쳐봐야 때가 아닌데 많은 낙지가 올 리 만무하기 때문이다. 훌륭한 포수는 쫓지 않고 길목을 지킨다는 말처럼 물때 싸움, 그들의 지혜로 세상을 배운다. 낙지만 잡아서 한 해 8500만 원 소득을 올리는 분도 있다니 진짜 대단하다. 느닷없이 이 갯벌에서 얼마나 많은 낙지가 날까, 의문이 든다. 여러분, 중왕 어촌계 갯벌에서 나는 낙지가 1년에 몇 마리나 될까요?

이런 아름답고 사람 사는 재미 쏠쏠한 그들의 마을, 중왕 어촌계를 이끌고 있는 사람은 박현규 계장이다. 과장 아래 계장이 아니다. 4년마다 계원들의 직접 선거로 뽑는 명실상부한 어촌계의 대표이다. 연임 제한도 없단다. 최고로 오래한 분은 얼마나 하셨느냐 물으니, 인근에 20년 하신 계장님도 계신단다. 어촌계장의 세계에서는 사십 중반의 밀국낙지급이나 다름없는 박현규 계장에게 20년 기록을 깨보라 농을 던지니 연신 손사래다. 다 이유가 있었다.

어촌계? 궁금하다. 아니 생소하다. 서해안 머드 축제나 김, 새우젓 같은 거 말고는 딱히 알아야 할 이유도 없지만, 이런 어촌계를 다시 보자 말하고 싶다. 살펴보면 볼수록 우리 사회가 지향해야 할 생활권 단위, 마을 자치 조직의 좋은 모델이라는 생각이 들기 때문이다. 충남에만 200여 개의 어촌계가 있고, 전국에는 2,000여 개가 넘는 어촌계가 있다. 그 규모도 50여 가구 정도 되는 작은 어촌계에서 수백 가구가 넘는 큰 어촌계까지 다양하다. 공동 어업 구역을 기반으로 존립하는 것이 어촌계이기에 그들은 오랜 갈등과 해결의 노하우를 온몸으로 익히며 투쟁하고 이겨내 왔다. 그 과정은 적잖은 고통, 다툼을 수반할 수밖에 없었을 터인데, 그렇게 그들은 서로의 역할을 다해가며 어촌계라는 어마어마한 개미집을 지어냈다.

그 힘과 마음가짐은 무엇이었을까? 소통과 합의라고 나는 본다. 소통과 합의가 상실된 오늘을 살고 있는 우리에게는 되짚어야 할 시대정신과도 같다. 어촌계의 모든 일은 회의를 통해 결정하는데, 다소간의 주판 싸움은 있더라도 모두 합의하여 결정이 되면 자신의 이해는 두 번째이다. 계에서 결정한 규율을 따르고 그것을 지키지 않으면 벌칙을 받는데, 예외는 없다. 구십이 넘은 어르신의 이야기나 마을로 갓 돌아온 삼십이 넘은 이의 이야기도 한 그릇에서 버무려진다. 계원들은 신참내기 계장에게 호통도 치지만, 두세 배의 더 큰 박수를 친다. 이것이 박현규 계장이 신바람 나게 전국을 가로림만 갯벌처럼 갈고 다니는 이유일 테다. 이것이 진정한 협동이다.

중왕 어촌계의 갯벌은 얼마 안 되어 보이지만, 그 길이가 7km

어촌계가 협동에 뿌리를 두고 서로 기대어 살듯이
갯벌에서 빌어먹고 있는 우리 또한
자연과의 조화로운 협동을
진지하게 고민해야 하지 않을까?

가 넘는다. 수천 년의 시간과 수많은 생태적 관계 속에서 만들어
진 그곳에 우리가 기대어 살고 있는 것이다. 어촌계가 협동에 뿌
리를 두고 서로 기대어 살듯이 갯벌에서 빌어먹고 있는 우리 또
한 자연과의 조화로운 협동을 진지하게 고민해야 하지 않을까?

박현규 계장은 이야기한다. "우리 마을 앞 갯벌에서 나오는 낙
지가 1년에 20만 마리, 깐 굴이 100톤이며, 우럭이 20톤, 감태, 바
지락 할 것 없이 사철 보물 바다"라고 말이다. 예전에는 남이 알
까 무서웠단다. 그래서 어촌계원으로 들어오려면 10년을 마을에
서 살아야 하고 입회금도 1000만 원이나 되었단다. 물론 나눠 가
지기가 싫어서는 아니었을 것이다. 그것이 규율이고 그 규율이
마을과 갯벌을 지켜올 수 있었던 힘이었기 때문일 것이다.

그런데 지금 중왕 어촌계에서 가장 필요한 것은 사람이란다.
그래서 의무 거주 기간도, 입회금도 5년 거주에 500만 원으로 파
격적으로 줄이고 있다. 농촌과 다르지 않게 150가구에서 80가구

로 줄어드는 데 10년이 채 걸리지 않았다고 한다.

또 다른 문제는 생산 기반인 가로림만에 대한 위협이다. 가로림만은 조수간만의 차가 크고 물살이 세서 우럭 살이 단단하며, 낙지와 굴 등이 풍부한 천혜의 꿀갯벌이다. 이곳에 기대어 사는 어민이 중왕 어촌계에만 270명이고, 가로림만 전체를 따지면 1만 5000명이 넘는다. 80세 노인까지 바다에 기대어 산다. 가로림만에 조력 발전소를 세우자는 것을 필사적으로 막고 있는 이유도 이 때문이며, 그렇기에 어촌계 간의 단결은 그 어느 때보다 중요하다고 강조한다. 박현규 계장에게 3농혁신이 무엇이냐 물으니 이렇게 말한다.

"이 바다는 내 바다가 아니여…… 우리가 빌려 쓰고 있는 거야! 그러니 잘 관리하고 지켜서 후손에게 물려줘야지. 그렇게 하려면 젊은 사람들이 들어와서 바다를 지키고 관리해야 하는데, 사람이 없어. 이곳에 낚시를 하러 오는 사람만 매년 늘어나는데, 바다가 죽으면 이들도 오지 않을 것은 당연한 일이니 바다를 살리는 것은 우리의 소명이지. 이제는 만들어 파는 시대가 아니니 사람들이 찾아와서 먹고, 즐기도록 하는 것이 중요하고, 이렇게 만드는 것이 3농혁신 아니여? 무엇보다 3농혁신은 우리들 스스로 나서서 하는 것이여……."

중왕 어촌계는 외부와의 소통에서 답을 찾고 있다. 우럭 낚시를 하러 이 마을에 오는 한 해 1만 2000명이나 되는 사람들과의 소통, 낙지 축제, 그리고 새롭게 기획하는 힐링 프로그램 등 한두 가지가 아니다. 활력이 넘쳐 보인다. 그리고 박현규 계장이 말한, 남들도 알아야 하는 이야기가 무엇인지 알 것 같다.

당장의 어려움도 적지 않다. 지역을 기반으로 하는 어촌계는 규모가 작아서 정부의 수매에 의지하기보다는 그들 힘으로 모두 바다에서 얻어서 스스로 판다. 오늘날까지 이어져올 수 있었던 어촌계의 저력이다. 그런데 이제는 어촌계 간의 협동이 어느 때보다 중요하다고 다들 강조한다. 다시 말해, 생산자 조직의 역량 강화는 물론 생산자 조직 간 협동, 협동조합 간 협동이 중요하다는 뜻이다. 그래야 생명인 바다, 돈줄인 바다를 지킬 수 있다는 것이다.

수산인과의 대화,
만나고
내려놓기

'3농혁신'은 몇 번만으로 익숙해지기에는 어려운 말이다. 어감이 강하기도 하지만, 처음에는 그 표현 자체가 잘못됐다고 지적하는 분도 많았다. 어업, 어촌과 어민, 그러니까 '어' 자는 어디 갔냐는 것이었다. 그렇다고 '3농어혁신'이라 부를 수도 없는 일이었다. 3농은 농어업·농어촌·농어민을 줄여 부르는 말이라 아무리 이야기한들 '어' 자가 빠져서인지 많이들 아쉬워했다. 홍길동 문패를 단 집에 홍길동만 사는 것은 아닌데도 말이다.

그런 수산 분야에서의 3농혁신은 생각보다 속도감 있게 추진되었는데, 대표적인 것이 2012년부터 시작한 '수산인과의 대화'였다. 도 행정 중심으로 추진되던 정책 추진 방식을 수산인들과 머리를 맞대어 풀어보겠다고 의욕적으로 시작된 것이었다.

　보령에서 처음 시작된 그 자리는 참으로 어색하기 짝이 없어 보였다. 그도 그럴 것이 처음으로 해보는 것이 어찌 물 흐르듯 자연스러울 수 있겠는가? 목탁이 굴러가듯 부자연스럽고 여느 관공서 행사에 가면 연상되는 형식의 기름기가 흘렀다. 참석한 사람들도 뱃일해야 하는데, 왜 모이라 하는 것인지, 무슨 말을 하는지 도대체 알 수 없다는 얼굴로 앉아 있고, 내용도 제대로 갈무리되지 않은 채 "잘해봅시다!" 정도의 결의와 박수로 끝났던, 어설픔 그 자체였던 듯하다. 내년에 다시 할 수나 있으려나? 걱정이 앞섰다.

　기우였다. 2014년 들어 한두 번도 아니고 무려(?) 세 번이라는 경험치를 축적하고 있다. 그래 무려 세 번이다. 내용도 '찾아가는 수산 행정' 그리고 '수산 분야 도민 참여 예산제'라는 이름으로 구체화되었다. 특히, 참여 예산제에 주목할 필요가 있다. 최근 대부분의 지자체가 선호하고 추진하는 단골 메뉴 중 하나이다. 그만큼 지역 주민의 참여가 중요하며, 행정 주도의 의사결정에서 오는 시행착오를 거듭하지 않겠다는 의도가 밴 제도이기도 하다. 아직 걸음마를 걷는 우리에게 중요한 것은 무엇일까?

　나는 '만나고 내려놓기'라고 생각한다. 참여 예산제, 그것도 15개 시·군과 살림을 같이하고 있는 충남이라는 광역자치단체에서 참여 예산제를 실현한다는 것은 그리 녹록지 않은 일이다. 농

내려놓기는 공직자나 생산자나 똑같다.
승패를 가르려고 만나는 것이 아니기에
서로 한 발짝씩 뒤로 물러서서 시작해야 한다.
그런 다음에 내가 두 발짝 물러나든
한 발짝 앞으로 가든 해야 한다.

업 분야도 마찬가지지만, 수산 분야도 수백 가지 정책이 있고, 이 정책들은 모두 도에서 시·군으로, 다시 어촌계나 어촌으로 내려가는 하향식 집행 구조를 가지고 있다. 일사불란한 정책 집행은 물론 전 과정을 한눈에 볼 수 있어 좋지만, 문제는 투입 대비 산출 즉 효과성이다. 어떻게 하면 효과적으로 한정된 예산의 효과를 극대화할 수 있을까? 100원 투입해서 100원만 건져도 다행이라는 생각보다는 100원 투자해서 어떻게 10배, 100배의 효과를 낼 것인가를 고민해야 한다. 다시 말해 예산 그 자체가 모든 것이 되어서는 안 되며, 제대로 된 불쏘시개 역할을 해야 한다는 점이다. 바로 이 지점에 생산자와 행정의 고민이 모여야 한다. 한편으로는 그 불씨를 잘 살리는 주체가 누구여야 하는지도 명확히 해야 한다. 예산 집행에서 나타나는 도덕적 해이는 국민의 쌈짓돈을 내 돈처럼 여기지 않아서 생기는 문제이기에 예산의 주체를 명확히 하는 것이 중요하다.

그렇다면 쌈짓돈의 주인은 누구인가? 다름 아닌 바다와 어민이다. 그런 마음가짐으로 시작한 것이 수산 분야의 참여 예산제였다고 생각한다. 부족하기 짝이 없고 동분서주했던 그런 시작이 지금까지 지속될 수 있었던 이유, 나는 '만나고 내려놓기'에서 찾았다.

우리는 늘 문제 속에서 산다. 문제가 없는 것은 존재할 수 없기에, 삶이란 주어지는 문제를 해결해나가는 과정인 셈이다. 어려운 문제를 맞닥뜨릴수록 꼬리를 빼서는 안 된다. 만나다 보면 없던 정도 든다. 공문을 하달했다고 해서 제 할 일을 다했다 할 수는 없는 일이다.

수산 분야에서는 2014년 3월 초순부터 일찌감치 참여 예산제에 대한 논의를 시작했다. 주요 안건은 2015년 예산 문제 논의였다. 9월에 하는 참여 예산제에 관한 논의는 별 영양가가 없다는 것을 알게 된 몇 해 동안의 경험치가 여기서 발휘되는 것이다. 충남 11개 시·군 어민이 모이는데, 갈수록 참여와 호응이 높아지고 있다. 2012년 첫해에 114명 정도가 모였는데, 2014년에 360여 명이 참여했다. 당장 눈에 보이는 것은 아니지만, 결코 작은 성과가 아니다. 비록 회의장에 와서 말 한마디 못하고 듣고만 갔다 하더라도 그것이 우리를 변화시키는 근본적인 동력이라는 점을 잊어서는 안 된다.

만나면 다양한 의견이 나온다. 도민 참여 예산제 설명회를 하는 동안 새로운 건의는 물론 제도 개선이나 애로 사항에 대한 다양한 의견이 제시된다. 시험 양식장 추진, 양식장 도난 방지 및 인공 어초 시설 지원 등 예산 확대 요구 사항, 대하 금어기 및 불가사리 수매 단가 조정 필요성 등에 대한 의견도 있다.

때로는 볼멘소리와 욕도 나온다. 그렇다고 어느 것 하나 가벼이 여겨서는 안 된다. 모여서 이야기나 한번 들어보자는 것이 아니므로 여러 다양한 의견을 검토하고 정책에 반영하거나 제도를 고치는 데 이처럼 좋은 자리가 없다. 여기서 필요한 자세가 내려놓기다. 내려놓기는 공직자나 생산자나 똑같다. 승패를 가르려고 만나는 것이 아니기에 서로 한 발짝씩 뒤로 물러서서 시작해야 한다. 그런 다음에 내가 두 발짝 물러나든 한 발짝 앞으로 가든 해야 한다.

3농혁신, 그리고 수산 분야에서 시작한 참여 예산제가 참여와 의견 수렴이나 하는 정도의 반쪽짜리라는 비판도 있다. 그러나 3년 동안의 적지 않은 노력으로 여기까지 왔다는 점과 어업 정책 주체들의 의견을 모아나가는 틀을 만들어냈다는 점에 후한 점수를 주자. 이제 한 발 정도 뗀 것이다. 모두가 낯설고 어떻게 발을 떼야 할지 머쓱한 상황 속에서 시작했다는 점에 또한 박수를 보내자.

좋은 거버넌스는
나누고
이어간다

언젠가부터 우리에게 익숙해진 단어 중 하나가 거버넌스 governance라는 말이다. 국가나 정부를 가리키는 거번먼트 government와 지역 사회나 민간 등이 합쳐진 말로, 한마디로 줄이면 반관반민半官半民이 실천하는 공공 활동이라 할 수 있다. 행정을 포함한 여러 주체와의 네트워크가 핵심이기에 협치協治, 망치網治라고도 부른다. 망치? 암울했던 시절에 절대 권력이 쥐고 휘둘렀던 그런 망치와는 정반대되는 착한 망치다.

농어촌과 연관된 여러 주체가 촘촘하게 그물망을 짜서 같이 일하며, 더불어 성장해보자는 거대 담론이 '농정 거버넌스'다. 오늘날 우리 사회를 한걸음 더 전진시키기 위한 필요조건이다. 2007년에 전북의 농업 관련 단체들이 '전북 농정 거버넌스'라는 것을 출범시킨 바 있고, 2011년 깃발을 올린 충남의 3농혁신위원회도 농정 거버넌스의 축복이다.

거버넌스 주체의 문제

우리가 하향적이며 집단적인 개발 연대로 보릿고개를 넘어 세계 수위의 경제대국이 되었음은 누구나 인정하는, 그야말로 사실이다. 그리고 이제 그 성장의 깔딱고개, 지속가능성이라는 고개 끝에 서 있다는 사실도 잘 알고 있다. 쉴 새 없이 앞만 보고 달려오면서 하나둘 앞서 달리던 경쟁자를 제친 것까지는 좋았는데, 이제 누굴 보고 달려야 할지 그야말로 멍해진 순간이다.

통금 시간을 정하고, 장발과 미니스커트를 단속한다고 해서 순순하게 끌려가지도 않을뿐더러 교복은 몰개성의 상징이 된 지 오래이다. 생각의 변화는 모든 것을 바꾼다. 남성과 여성의 구분이 모호해지듯 중앙 집권에서 분권화로, 하향식에서 상향식으로 사회의 보편적 가치가 바뀌고 있다. 면 서기가 생일도 정하고 이름도 지어주던 시절이 있었다. 허나 행정에서 일사불란하게 전 국민을 줄 세우고 오후 다섯 시 국기 하강식 땐 가던 길까지 멈추게 했던 그 애국가로는 더 이상 국민의 충성과 새로운 가치를 생산해낼 수 없다. 그래서는 정체될 뿐이며, 정체는 곧 후퇴이다.

이제 어수룩한 우리 사회의 많은 틈을 메꾸어나가려는 노력이 중요한 시점이다. 주어진 일을 잘하고, 양으로 승부하던 시대에는 개성, 자율, 창의 따위의 표현은 배부른 호사였다. 그러나 이제는 시대가 바뀌었다. 언제나 그 시대를 이끌어가는 정신이자 수단이 필요한데, 그것이 바로 거버넌스이다.

그런 거버넌스에서 가장 중요한 것은 주체의 문제이다. 예전에는 우리 마을에 다리 하나 놓고 심지어 가로등 하나 밝히는 일도 면사무소 김 주사의 펜 끝에서 만들어졌다. 내가 사는 마을이고, 나의 일인데도 면사무소를 쳐다봐야 했고, 보조금 떨어지기만을 기다렸다. 꼬박꼬박 세금 내는 이 나라의 엄연한 주인인데도 눈치나 슬슬 봐야만 하는 신세였다. 이에 반해, 거버넌스는 자신의 문제를 스스로 푸는 주인이 되자는 것이다. 단순한 참여자가 아니라 문제 해결의 주체로서 역할을 해보자는 것이다. 어느 마을에서는 맞춤형 비료가 부족하다 난리인데, 어느 마을에서는 한쪽 구석에 산더미로 쌓여 있다. "우리 마을엔 맞춤형 비료가 필요 없어요! 고추 농사를 많이 하니 건조기가 필요해요."라고 말을 해야 하는데, 그놈의 괘씸죄가 뭔지…… 좋은 게 좋은 거지 뭐……. 거버넌스는 우리의 주머니에서 나온 예산을 훨씬 효과적으로 쓸 수 있게 하고, 민주주의적 의사결정을 통해 대한민국의 주인이 되어보자는 것이다.

거버넌스 참여자의 자세

이처럼 거버넌스가 중요한데도, 현실은 따로국밥이다. 도시의

반대가 농어촌인가? 생산자의 반대가 소비자인가? 민의 반대가
관인가? 행정직의 반대가 농업직인가? 아빠의 반대는 엄마가 아
니다. 이들은 서로 틀린 것이 아니라 다른 것일 뿐이다. 생김새가
다르고 역할이 다르며, 서로 다른 개성을 가지고 있는 것뿐이다.
서로의 다름을 존중해야 한다.

　거버넌스가 잘 되려면 행정은 말할 것도 없고 거버넌스에 참여
하는 단체와 기관의 자세가 중요하다. 갑을 관계 속에서는 진정
한 협력을 기대하기 어렵고, 또 다른 보여주기를 양산한다. 그런
데도 민과 관의 관계에서 우월적 지위가 존재하는 것이 엄연한
현실이다. "검토해보겠습니다." 한마디로 끝나버리는 어처구니없
는 경우도 많다.

　"빨리빨리"가 문화가 되어버린 대한민국에서 민관 협력을 한다
는 것은 엄청난 인내와 시간을 요구한다. 회의 한번 하려면 시간
잡다 볼일 다 보는 경우가 허다하고, 회의에 시간을 뺏기니 당장
처리해야 할 일은 쌓여만 간다. 민에서는 안 불러준다 하고, 관에
서는 불러도 안 온다는 고의적 미스매치가 생기는 것도 이해가

간다. 이렇게 멘붕 일보 직전일지라도 거버넌스가 중요한 것은, 얼마나 거버넌스를 튼실하게 짜느냐에 3농혁신의 미래가 달려 있기 때문이다. 더 좋은 미래를 그려보는 것은 참 좋은 시절을 추억하는 것만큼 힘을 불어넣어준다. 지금은 2인3각 경기처럼 부자연스럽고 더디 가더라도 언젠가는 의족을 떨쳐내고 내달리는 포레스트 검프를 그려보아야 한다. 나 스스로 위로받는 방법이기도 하다.

좋은 거버넌스는 거창한 그림으로 절대 만들어지지 않는다. 내공이 쌓여야 한다. 그래서 거버넌스의 성과는 결과가 아니라 과정에 있다. 과정에서 만들어지는 좋은 거버넌스를 만들려면 만나고 내려놓기와 나누기를 잘해야 한다.

역할 나누기, 중간 지원 조직

가장 위대한 거버넌스가 어떤 것일지 생각해본다. 결혼이 아닐까 싶다. 남성과 여성이라는 이질적인 존재가 만나 서로를 내려놓고 역할을 분담하여 생을 이어간다. 좋은 거버넌스란 검은 머리카락이 파뿌리 되도록 백년해로 하는 부부처럼, 좋은 파트너를 만나고 역할을 잘 나누면 되는 것이다.

좋은 거버넌스를 위한 첫 단추가 만나고 내려놓기라면, 두 번째는 역할 나누기다. 행정 중심으로 이루어지던 일들을 농어업 관련 주체들과 분담하는 것이다. 좋은 파트너를 찾고 손을 맞잡았으면 서로 잘할 수 있는 일을 찾고 나누어야 한다.

'학교 논 만들기' 사업의 예를 들어보자. 서울과 천안 등지의 초등학교에 작은 논을 만들어보자고 결연을 맺고, 마을의 어르신들과 초등학생들이 고무통을 논 삼아 모내기부터 가을걷이까지 함께하는 사업이다. 행정에서는 예산만 지원하는 것이 아니라 사업의 기획-검토 및 결정-예산 확보-공모·하달-시·군 사업자 선정-예산 집행-사후 관리 등 사업의 모든 과정에 관여한다. 행정의 역할은 어느 한 과정에서도 빼놓고 얘기할 수 없다. 일의 흐름만 봐서는 행정이 다 하는 것 같지만, 실제 이 사업의 주체는 초등학교 학생들과 기꺼이 재능 기부에 나선 마을의 농민이다. 행정은 사업 진행의 도우미다. 행정 중심적으로 일을 추진하다 보니 행정 편의주의라는 말이 생기고, 행정의 문턱이 높아지니 처음 하고자 했던 사업 목적은 온데간데없고 학교 논을 몇 개나 만들었는지 숫자 세기에만 급급할 수밖에 없다. 수시로 계속되는 감사와 수많은 행정 규제는 공직자의 행동 반경을 위축시키기에 충분하다. 또박또박 갈 수밖에 없도록 만드는 것이 현재의 구조이며, 한계라는 얘기다.

민관이 역할을 제대로 나누려면 거버넌스가 왜 필요한지, 그리고 어떤 점이 좋은지를 이해하는 것이 먼저이다. 그런 다음에는 대승적 차원의 빅딜이 있어야 한다. 먼저 관에서는 사업을 성공시킬 수 있는 좋은 파트너를 찾고, 신뢰라는 강한 기반 위에서 자기 역할을 과감히 넘겨주어야 한다. 물론 관 역시 사업의 한 주체이므로 나 몰라라 해서는 안 되며, 사업의 전 과정을 지원하고 모니터링해야 한다. 막힌 고랑의 물꼬를 터주고, 벽돌 찍어내는 틀을 만드는 것이 관의 역할이다.

역할 분담에는 여러 가지가 있을 수 있지만, 지금 단계에서는 산재하는 여러 생산자 단체나 중간 지원 조직과 역할을 나누는 방식이 효과적이다. 학교 논 만들기가 성과를 내고 있는 것은 충남 친환경농업인연합회처럼 사업 목적에 부합한 주체들이 사업을 꿰차고 진행했기 때문이다. 6차 산업이 성과를 내고 있는 것은 6차산업협의회와 6차산업지원센터가 남들의 일이 아닌 자신의 일을 하고 있기 때문이다. 여러 중간 지원 조직은 현실적으로 사업 추진에 부담이 큰 시·군은 물론 사업 주체의 역량을 지원·강화해 그 실효성이 높다. 따라서 다양한 형태의 중간 지원 조직을 육성하고 지원하는 일은 사업 성과의 창출과 직결된다.

민의 참여와 헌신

손바닥도 마주쳐야 소리가 난다. 관에서의 전폭적인 신뢰와 지원을 뿌리 삼은 민의 참여와 헌신이 중요하다. 자신의 이익보다는 마을과 지역의 이익을 앞세워 사업을 제안하고 공모에 임해야 하며, 여러 이해관계자와 끊임없는 소통이 이루어져야 한다. 남의 일이 아니라 나의 일이라는 자세는 물론, 민주주의적인 합의 과정 역시 중시하고 따라야 한다. 우리 농촌 사회를 찌푸리게 해왔던 '큰목소리'와 '떼법'을 더 이상 앞세워서는 안 된다. 우리가 쓸 수 있는 예산은 쥐꼬리로 한정되어 있고, 단기적으로는 아랫돌 빼서 윗돌 괼 수밖에 없다. 쌓아놓은 탑이 무너지지 않도록 재정을 조정하는 일이니 신중하지 않을 수 없다. 어느 돌을 빼서 어디에 괼 것인가의 문제는 내 손해를 감수해야만 하는 일이다. 100원 사업을 해야 하는데 어느 누구 하나 양보하지 않으니 50원짜리 두 개 사업이 생기는 것이다. 이런 야합은 정책의 가짓수만 늘리고, 밑 빠진 독에 물만 붓는 꼴이다. 3농혁신은 이익을 공유하는 것이 아니니 가치를 먼저 공유하고 효과성 극대화에 주력해 나갈 일이다.

3농혁신위원회의
새 간판
'충남 농어업회의소'

농어업회의소? 무슨 회의하는 곳? 상공회의소는 들어본 적이 있어도 농업회의소는 처음 듣는 분이 많을 것이다. 인터넷 검색창에 '농어업회의소'라고 치면, 진안군 농어업회의소가 뜨는데, 그 설립 취지를 이렇게 정리하고 있다.

"농어업의 발전과 농어민의 지위 향상, 회원의 의견 및 건의 등을 종합 조정하여 정부나 지자체 등에 이를 반영함으로써 농업의 경쟁력 강화 및 농촌 진흥에 기여하려면 다음과 같은 이유로 농어업회의소의 설립이 필요하다. 첫째는 시장 민주주의 정치 체계가 가지는 소수의 취약 산업의 배려와 어려움을 극복하는 대의 기구 역할, 둘

째는 민주주의 사회에서 수적 열세에 처하게 될 농업 분야의 정치사
회적 기능을 강화하기 위한 조직력 강화, 셋째는 헌법에 보장된 농
어민과 중소기업의 자조 조직 육성과 그 자율적 활동과 발전의 보
장. 자발적 민간 농정 참여 기구인 농어업회의소는 지역 상공인의
법적 기구인 상공회의소와 유사한 기구로 외국 농산물 개방 여파 등
에 적절히 대응하며 농민 권익을 지키자는 취지로 설립됐다."

말이 조금 어렵기는 하지만 간단하게 정리해보면, 농어업회의
소는 가입한 회원들이 제안한 정책을 군과 협의하여 결정하며,
농산물 생산, 유통에 대한 조사와 연구 및 정보·자료의 수집, 경
영 상담과 농업 교육 등을 행하는 농어민의 대의 기구이다. 조직
강화 확대 사업, 조사 연구 사업, 대외 협력 및 정책 기획 사업, 홍
보 사업, 교육 사업 등 주요 사업 계획을 보면, 농어업회의소가
무얼 하고자 하는 곳인지 감이 온다.

다른 나라의 사례

프랑스 농업회의소는 100년 역사를 자랑한다. 나라마다 조금
씩 다르게 운영되기는 하지만 농어업회의소는 독일, 오스트리아
등의 농업 선진국에서 광범위하게 시행하고 있는 제도이다.

프랑스에서는 농민 단체 주도의 이원적 체제로 운영된다. 프
랑스의 민간 부문 농업 조직은 지역, 품목, 활동 목적에 따라 다
양하면서도 복잡하게 형성되어 있다. 대표적인 조직으로 농업

생산자연맹, 농협연합회, 농업회의소, 농업신용기관연합회로 나눌 수 있다. 생산자 및 유통인 협의회는 생산자 단체와 품목별 유통사업자가 함께 참가하고 있는데, 이들이 관련 작목의 정책 수립과 집행에 영향을 끼치기도 한다. 농민 단체는 농민 회원의 이익을 추구하는 면에서 높은 가입률을 보이고 있으며, 그 역할과 영향력이 매우 강력하다. 특히 프랑스는 단체와 조합의 설립이 자유로워서 다양한 농민 단체가 존재하는데 농업생산자연맹(FNSEA, 1942년), 청년농민센터(CNJA, 35세 이하), 가족농조합총연맹(COSEF-MODEF, 1959년), 프랑스농업연맹(FFA, 1969년), 농민총연맹(1987년) 등이 있다. 그중 가장 활발한 활동을 하는 단체는 FNSEA로 농민의 실제적인 이익 추구에 가장 중요한 역할을 하며 정치적인 힘을 동반하여 정부 및 공공기관들과 경제·사회적 현안을 다루는 역할까지 수행하고 있다.

독일은 농협과 농민 단체의 이원적 체제로 구성되어 있다. 농협과 농민 단체가 별도의 조직으로 농정 활동을 수행하는 형태이다. 스페인, 아일랜드, 네덜란드, 포르투갈, 핀란드 등도 유사한 형태를 보이고 있는데, 이들 국가의 농협중앙회 조직과 농민 단체의 농정 활동에는 큰 차이가 있다. 농협의 농정 활동은 농민 단체에 비해 소극적이지만, 조사, 연구, 지도, 훈련, 홍보, 출판 등 대내적 활동에 치중하는 경향을 보이고 있다. 반면, 농업 생산자가 직접 이해당사자가 된 농민 단체의 농정 활동은 농민에게 직접 연결되므로 적극적이고 활발하게 이루어진다.

스웨덴은 농협과 농민 단체가 일원적 체제로 구성되어 있다. 농협과 농민 단체가 하나의 조직으로 농민을 위한 정치·경제·사회적 기능을 동시에 수행하고 있는 형태이다. 스웨덴, 벨기에, 그리스 등이 이에 해당한다. 스웨덴(LRF)이나 벨기에의 브뤼셀(BB)에서는 농민단체연합회가 농민단체중앙회의 역할과 농협중앙회의 역할, 즉 농민 운동과 농민의 사업 기능을 동시에 수행하고 있으며 상당수의 자회사를 소유하고 있다.

덴마크는 농민 단체와 농협을 포괄하는 농업협의회 체제를 구축하고 있다. 덴마크는 사업체인 협동조합과 농민 운동을 주도하는 농민연맹의 상위조직으로 농업협의회를 구성하여 농민의 정치·사회·경제적 이익을 대변하고 있다. 프랑스, 독일, 영국 등에서도 상위 조직을 구성하고 있으나 명목적이고 상징적인 성격이 강하여, 덴마크와 같이 구체적이며 실질적인 활동은 하지 않고 있다.

마지막으로 오스트리아는 다른 유럽 국가와 달리 부문별로 수많은 전국 조직이 존재하고 있는데, 전국 농업회의소가 그 대표성을 지니고 있다. 농업회의소는 정부, 의회, 기타 전문 기관을 상대로 한 농민 권익을 대변하는 정치적 기능과 지도 기능을 모두 담당하고 있다. 그래서 농업회의소는 오스트리아 상공회의소, 연방노동회의소, 오스트리아 노조총연맹과 더불어 오스트리아 경제 정책을 조정, 협의해나가는 4대 기관으로 인정되고 있다.

농어업회의소가 넘어야 할 고개

농어업회의소의 설립은 어휘 자체의 생소함에도 불구하고, 농어업계에서는 오랫동안 논의해오고 있는 과제이다. 그만큼 중요하지만, 쉽사리 매듭지어지지 않는 주제라는 얘기다. 1998년에 농어업회의소 설립준비위원회가 발족되고 농어업회의소법(안)에 대한 공청회와 지역 설명회까지 추진되었으며, 1999년 1월 하순에 창립대회를 개최하기로 했는데 결국 출범하지는 못했다. 참여 정부에서도 관심이 많아 대통령자문 정책기획위원회 의뢰를 받아 보고서를 낸 것이 어느덧 10년 전인 2004년이다. 이명박 전 대통령은 농어업회의소 설립을 10대 농정 공약으로 정하기도 하였고, 농식품부에서는 나주시, 거창군 등지에서 시범 사업을 추진하기도 하였다. 이처럼 농어업 관련 단체들을 중심으로 농어업회의소 법제화를 위한 노력을 꾸준히 해오고 있지만, 산 넘어 산이다. 무슨 이유일까?

무엇보다 농어업회의소에 대한 농어업 내외부의 전향적인 합의가 이루어지지 않고 있기 때문이다. 대부분 농어업회의소가 필요하다는 당위성에는 동의하며 고개를 끄덕이지만, 돌아서서 시원찮은 현실을 보면 고개를 절레절레 흔들고 있는 양상이다. 몇몇 시범 사업을 보고 어떤 사람들은 드디어 농어업회의소의 단초를 마련했다고 목청을 높이는 반면, 어떤 사람들은 그것 보라는 식으로 우리의 실상을 확인하는 것 이상은 아니었다고 비판한다.

농어업회의소에 대한 논란은 본질적으로 형식과 내용의 문제라고 생각된다. 한편으로는 농어업회의소를 보는 자세의 문제라는 생각도 든다. 2013년 7월, '지역재단'이 주최한 전국리더대회가 공주에서 열렸고, 나는 '3농혁신위원회의 역할과 과제'를 주제로 발표했다. 광역 도 단위 농어업회의소 모델을 고민하면서 3농혁신을 도정 1과제로 추진하고 있는 충남도의 3농혁신위원회가 나름의 시사점을 보여줄 수 있다는 생각에서 내게 발표를 청하였을 것이다.

발표가 끝나고 토론이 이어졌다. 전국적으로 농어업회의소 설립을 위해 뛰는 분들이 모인 자리인지라 3농혁신위원회의 활동에 대한 격려와 앞으로의 방향에 대한 주옥같은 이야기가 쏟아졌다. 고마웠다. 그런데 어디나 그렇듯이 박수만 있을 수야 있겠는가? 3농혁신이 뭔지 잘 모르겠고, 성과가 무엇이냐는 문제 제기도 있었다. 그리고 농어업회의소와 관련해서 별도의 재원 투입은 바람직하지 않다는 의견을 강하게 피력하는 사람도 있었다. '재원 투입'에 대한 논박이 오고갔지만, 이야기의 옳고 그름을 떠나 느낌으로 해석되는 농식품부 담당자의 말에는 꽤 가시가 돋쳐 있었다. 그저 내 느낌일 뿐이었으면 좋겠지만, 이렇게 전향적이지 못한 관점과 태도를 가지고서는 쳇바퀴 돌리기 이상은 어려울 것 같은 느낌이었다.

이처럼 많은 어려움에도 불구하고 농어업회의소로 대표되는 거버넌스는 거스를 수 없는 대세이다. 3농혁신위원회도 농어업회의소에 대한 고민을 벌써 수년째 하고 있다. 개학은 내일인데

잔뜩 밀린 숙제 때문에 끙끙거리는 초등학생 심정과 다르지 않았다. 머릿속에서는 맴맴 돌기만 하며 속 시원히 풀리지 않던 문제였다. 최근에서야 우리는 농어업회의소를 우리 스스로부터 너무 무거운 과제로 인식하고 있다는 것을 인정했고, 우리의 수준과 능력에 맞게 생각하는 것이 중요하다는 사실도 새삼 깨닫게 되었다.

농어업회의소의 성공을 위한 전제조건

농어업회의소는 3농혁신의 지향점이며, 3농혁신위원회가 앞으로 달게 될 새로운 간판이다. 물론 간판만 내건다고 될 일은 아니다. 금방 내리지 않을 간판이 되려면 몇 가지 전제조건이 반드시 충족되어야만 한다.

무엇보다 참여 주체들의 전향적인 합의가 기본이다. 즉, 농업인 단체, 협동조합, 충남도 등 참여 주체가 3농의 위기적 현실과 대내외적 환경의 변화 등에 공감대를 형성하고, 그 대응 방안으로 농어업회의소에 관한 사회적 합의를 도출하여야 한다. 어느 구성 주체라도 이에 합의하지 않으면, 거버넌스 자체가 불가능하기 때문이다. 이를 위해서는 3농의 생존과 발전이라는 대승적 관점에서 농업인 단체 및 협동조합은 각각의 견해와 주장을 앞세우기보다는 상호 양보와 타협하는 자세를 가져야 한다. 또한, 충남도는 모든 농업인 단체 및 협동조합에 대해 열린 자세로 불편부당한 관계를 유지하도록 노력하여야 할 것이다.

끊임없는 융복합과
민주주의적 내공을 쌓는 일이 우선이며,
그 결과들을 자양분 삼아
충남 농어업회의소로 발전될 때만이
지속가능한 농정의 틀을 만들어낼 수 있다.

둘째, 농어업회의소는 민주성, 대표성, 전문성, 책임성을 가져야 한다. 국가 및 시장 기제와는 구별되는 시민사회 영역 내에 존재하면서, 자발성과 대표성을 가진 자기 조직적인 구조를 형성하고 운영되어야 한다는 것이다. 또한, 조직 구성 및 운영, 재정 및 인사에 대한 자율성이 확보되어야 한다. 농어업회의소는 일부 주체 또는 외부적 권위가 일방적이고 수직적인 의사 결정을 행하는 것이 아니라 정책 커뮤니티로서 협의와 합의 과정을 거쳐 민주적으로 의사 결정을 하는 형태이어야 한다. 그리고 결정 사항에 관해서는 대표자에게 전권을 위임하고 따르는 형태(대표자에게 권위 부여)를 갖추어야 할 것이다.

셋째, 민관 수평적 및 유기적인 파트너십을 기본으로 하여야 한다. 다시 말해, 민관 협력 참여 주체가 정책 추진 과정에 수평적인 참여 방식을 통해 문제를 해결할 수 있는 조직이어야 한다. 또, 민관의 상호의존성, 정보 및 자원의 교환, 규범, 정부로부터 상당한 자율성을 보장받는 유기적인 정책 네트워크가 형성되어야 한다.

넷째, 법적·제도적인 기반이 확보되어야 한다. 국가 차원에서 법제화를 위한 노력은 별개로 하고, 농어업회의소 구축을 위한 조례가 필요하다. 그리고 농어업회의소 운영을 위한 인적 기반 및 전문적 역량 등을 강화하기 위한 제도적 기반도 마련되어야 한다.

농어업회의소의 조직과 운영

이와 같은 몇 가지 전제조건을 바탕으로 참여 주체, 조직 구조 및 구성, 주요 활동, 재정 확보 방법 등을 살펴보자.

농정의 주체는 농어민이므로 농어업회의소의 참여 주체는 농어민 단체와 농협, 생협 등이다. 그리고 보조적 주체는 농어업과 관련된 산업, 학계 등이 될 것이며, 충남도는 협력자로서 이들 주체와 상호 연관성을 가지는 단짝이 된다.

그리고 조직 구조는 대의원회, 이사회, 회장 및 부회장, 사무국, 각종 위원회, 감사 등으로 구성한다. 위원회는 기능별, 사업별, 품목별 특성을 포괄해 다양한 농어업 분야의 권익을 신장시킬 수 있도록 한다. 위원회의 종류 및 직책별 인원은 참여 주체를 중심으로 구성된 가칭 '실무추진위원회'에서 합의하고 결정하는 것이 바람직하다. 조직 구성 방법은 대의원회, 회장 등 농어민을 대표하는 직책의 경우에 회원 또는 대의원이 직접 선출하는 방식을 원칙으로 한다. 그리고 이사회는 회장단 및 회원단체의 대표로 구성한다. 한편, 협력적 다층적 조직 체계를 갖춰 지역·현장 중심의 맞춤형 농정을 구현할 수 있어야 한다. 즉, 다층적 거버넌스는 중앙과 지역 간, 지역 상호간, 도와 민간 등 복수의 그룹이 연계되는 유형이다. 따라서 도 단위-시·군 경제권 중심으로 몇 개 시·군 통합 가능 단위 등의 설립을 목표로 하여야 한다. 그리고 도 단위 조직은 시·군 조직에 대한 대표성을 가지고 도와 대응하는 기능을 수행한다. 여기에서 도 단위 조직이란 조직 구조상 최상위에 위치하는 연합적 대표 조직체라는 개념이며, 시·군 조직은 지역별뿐 아니라 품목별, 기능별로 구체성을 가진 조직 범주이다. 지역 조직은 기능별, 사업별, 품목별 등의 전문성을 가진 농민을 기본으로 구성한다. 한편, 지역 조직이 경영, 기술 교육 및 컨설팅을 담당하려면 충남농업기술원과 시·군 농업기술센터의 조직 및 기능이 재편되어야 할 것이다. 그리고 지역 농협의 지도 교육 기능도 더불어 조정될 필요성이 있다.

충남 농어업회의소는 충남도의 농정 파트너로서 그 위상과 역할이 부여될 것이다. 정책 결정 과정에 구체적으로 참여하여 농정에 대해 조정하거나 합의하는 활동을 하게 된다. 또한, 농어민의 권익 대변 활동(시·군 조직으로부터 의견 수렴 및 대변), 농어민의 애로사항과 국내외 농어업 실태 및 추세 등에 대한 조사·연구 활동, 소비자 등 대국민 홍보 활동 등을 하게 된다. 시·군 조직은 기본적으로 지방자치단체와 농정 파트너십 및 지역 농어업 관련 사업을 수행한다. 해당 시·군의 정책 집행 과정에 참여하며 농정에

대해 조정 및 합의하는 농정 활동을 수행하게 된다. 지역 조직이
공통적으로 수행하는 다른 활동은 지역 농업 활성화(맞춤형 지역
농정 추진 및 품목별 전문화 사업), 농어민의 권익 보호 활동(농어민
의 애로사항을 지자체에 대변하거나, 도 조직과 협의), 농업기술원 또
는 시·군 농업기술센터의 전문가, 전문 농업인 등 현장 농어민에
대한 기술·경영·유통 컨설팅, 교육 훈련 사업 실시, 기타 충남도
의 위임·위탁 사업 실시 등이 있다.

농어업회의소 운영에 가장 중요한 것이 재정이다. 재정은 회
비와 사업 수익, 도의 보조 지원 등을 통해 확보할 수 있다. 회비
란 농어민 또는 농어민 단체별 회비를 말하며, 사업 수익은 컨설
팅 및 교육·훈련 사업 수익과 기타 정부가 위임·위탁하는 사업
또는 자체 사업 수수료 등이다. 재정과 관련해서는 법적 근거를
마련하는 것과 함께 예산 내에서 보조 지원을 받는 것이 바람직
하다.

어설프게나마 농어업회의소의 방향과 과제에 대해 살펴보
았다. 아무리 강조해도 지나치지 않는 것은 끊임없는 융복합과
민주주의적 내공을 쌓는 일이 우선이며, 그 결과들을 자양분 삼
아 충남 농어업회의소로 발전될 때만이 지속가능한 농정의 틀을
만들어낼 수 있다는 것이다.

지난 3농혁신,
앞으로의
3농혁신

산업으로서 농어업, 공간으로서 농어촌, 주체로서 농어민이 중심이 되어 모두 행복하게 잘 살아보자는 3농혁신을 본격적으로 시작한 지도 벌써 4년이다. 민선 5기가 시작된 2010년은 뭐가 뭔지도 모르게 휘~익 지나가버렸고, 2011년은 내내 가야 할 방향을 잡느라 시간을 보내야만 했다. 열심히 하는 것도 중요하지만, 방향을 잘 잡고 가는 것이 좀 더 빨리 갈 수 있게 하리라는 믿음이 있었고, 전문가 몇 명이 만든 거창한 용역 결과를 우리의 계획이랍시고 공표하고 싶지 않아서이기 때문이었다. 좀 못나도 우리가, 좀 더디 가도 우리가 해보자는 생각으로 그렇게 만들어진 것이 2011년 8월 30일에 발표된 '충청남도 농어업·농어촌 기본계획'이었다. 지금 우리가 열심히 색을 입히고 있는 3농혁신의 밑그림을 스스로 그린 것이었다. 그해 후반기는 조직을 내실 있게 만들고, 좀 더 구체적인 목표들을 세워나가는 데 치중했다. 방향과 밑그림을 그리다 볼일 다 보는 거 아니냐는 우려 섞인 말들이 나왔다. 돌이켜보면, 숱하게 만나 회의하고, 소주잔에 담은 고민으로 밤새우던 기억들이 아련하다. 얼마나 많은 자료를 만들었던지 서재 한쪽 책장은 아직도 그때의 자료로 가득하다. 이것이 보물이고, 힘이 되었다. 출발 신호만 떨어지면 바람을 가르고 튀어나갈 것만 같은 적토마의 튼튼한 허벅지를 가지게 된 것 같았다. 낡은 노트 한 권으로 중간고사를 치르던 촌놈에게 제대로 된 참고서가 생긴 기분이었다.

'충청남도 3농혁신, 이제는 실천이다.' 이제 방향을 잡고, 뜻도 모았으니 남은 것은 참여와 실천이라고 강조했다. 그렇게 2012년과 2013년은 지금까지와는 조금은 다르게 그러나 혼신을 다해 달렸고 2014년에도 그랬다. 이제 또 새로운 해를 맞고 있다. 달라질 것이야 뭐 있겠는가만, 제대로 가고 있는지, 어떻게 가야 할지 반추해보는 것도 의미가 크리라 생각된다. 출발과 함께 한참을 내달리고 있는 적토마의 고삐를 더욱 단단히 쥐고, 박차를 가해 속도를 높여야 할까, 아님 숨고르기를 해야 할까. 결론부터 말하자면, 둘 다 해야 한다. 시간이 없기 때문이다. 얼마 전 타결된 한·중 FTA 때문이기도 하고, 2014년에도 여전히 꺾일 기세를 보이지 않고 있는 농산물 수입과 육류 소비량, 그리고 여전히 곤두박질치고 있는 식량 자급률, 쌀 소비량 같은 우울한 지표들 때문이기도 하다. 무엇보다 아랫목의 미열과 두터운 솜이불 한 장으로 이 겨울을 이겨내고 있을 촌부들의 한숨 소리가 가슴을 무겁게 짓누르기 때문이다.

작년 일이다. 어느 지역에서 3농혁신에 대한 강의를 하는데 한 시간이나 지나서였을까 어느 어르신이 손을 번쩍 들고는, 지금까지 할까 말까 망설였는데 질문 하나 하겠다 하신다. 그러시라 했더니 "3농혁신은 안희정 거 아녀?" "글고, 우리하고는 뭔 상관이여?" 하신다. 돌직구 한 방 제대로 맞은 느낌이었다. 사실 누구나 이야기 도중에 급작스런 질문을 받으면 당혹스럽기는 마찬가지일 게다. 나는 이내 지난 몇 년 동안 누가 누가 모여서 어떻게 만들었는지, 뭘 하고자 하는 것인지, 누가 앞서서 3농혁신을 끌고 나가야 하는지 조곤조곤 이야기 드렸다. 그런 이야기들로 나머지 한 시간을 채운 것 같다. 그제야 어르신께서는 이해되었다고 고갯짓을 연신 하셨지만, 천안으로 돌아오는 내내 머릿속이 복잡했다. 사실 안희정 지사의 제안으로 3농혁신이라는 이름을 처음 쓰기 시작한 것은 분명하지만, 그렇다고 도지사만의 3농혁신이 아닌데…… 우리 모두의 3농혁신인데…… 그래야만 하는데……

하는 생각들로 어지러웠다.

사실 우리는 편 가르기에 너무나 익숙해 있다. 네 것과 내 것을 잘 따지는 것이 편리하고 현명한 행동으로 간주되기도 하는 세상이다. 네 것과 내 것의 경계를 없애야 한다는 것이 아니라 그런 가치들이 보편화된 세상에서 우리 공동의 가치를 도출해내는 것이 너무나 어렵기 때문이다. 너와 내가 만나 '우리'가 되는 것이 중요하다. 3농혁신이 우리 공동의 가치가 되도록 하는 일이 중요하다는 것이다. 그 어르신의 질문에 대한 내 결론은 '기본기에 충실하고, 초심을 잃지 말자.'였다. "3농혁신이 뭔지 아세요?" 여러 사람이 모인 자리에서 이렇게 물어보면, 이제는 제법 많은 분이 고개를 끄덕인다. 당장에는 생소해도 서서히 입에 붙고, 관심도 커지고 있다는 생각이다. 이것이 민선 5기 3농혁신의 가장 큰 성과가 아닐까? 더욱 큰 변화는 3농혁신이 충남도 농정국만의 정책, 말로만 선전하는 도정 과제가 아니라 행정, 보건, 복지 등 충남도 모든 실·국에서 고민하는 과제가 되었다는 점이다. 이렇게 단기간에 3농혁신이 충남 도정의 핵심가치화 될 수 있었던 것은 도지사의 흔들림 없는 진정성과 모든 실·국의 전향적인 뒷받침으로 인한 성과라는 점을 부인할 수 없다. 그렇다. 우리는 지난 3농혁신을 통해 '우리 공동의 가치'를 만들어냈던 것이다. 그렇다면 이제 무엇을 해야 할지 우리의 답은 분명하다.

3농혁신의 지속성을 보장하는 것은 조직을 중심으로 제도와 예산이 뒷받침될 때만이 가능하다. 제도는 법이나 관습을 바탕으로 한 일종의 사회적 약속이다. 때문에 3농혁신의 지속가능성을 위해서는 보다 구체적인 형태로 정비될 필요가 크다. 한창 논의 중인 농어업회의소 역시 좋은 대안이며, 조례를 통한 지속가능성을 담보하는 노력이 필수적이다. 중요한 것은 우리에게 맞는 옷이어야 한다는 것이며, 내공이 높으면 모든 기회는 우리를 보다 내실 있게 만들어줄 수 있다는 점이다.

제도의 보완과 더불어 중요한 것이 예산이다. 그렇다. 모든 정책은 예산으로 말한다. 2014년 충남도의 예산안은 대략 5조 1492억 원을 편성했고, 분야별로 복지 분야 1조 2425억 원, 농어촌 분야 6516억 원, 건설·해양 분야 706억 원 등이다. 예산의 규모도 중요하지만 더 중요한 것은 예산안을 어떻게 세우고 집행하느냐이다. 그동안 3농혁신의 기본기를 다지고 틀을 잡는 데 전력투구하느라 차일피일 뒷전으로 미루어온 문제이기도 하다. 한편으로, 예산과 관련해서는 많은 이해관계자가 등장하기에 고양이 목에 방울 달기 식으로 논의가 전개되면 어쩌나 하는 우려도 있다. 그러나 2015년에는 2012년부터 시작된 도민 참여 예산제의 경험을 바탕으로 농어업 분야에서는 한층 수준 높은 예산 운용의 기초를 세울 것이다. 문제는 시·군의 상황과 여건은 모두 제각각인데도 국비-도비-시·군비로 이어지는 예산 수립 절차와 획일성에 있다. 이 구조를 바꿔야 한다. 행정적으로는 시·군이 예산 수립의 출발점이 되어야 하며, 도민의 참여는 기본이 되어야 한다. 그러나 예산 구조를 바꾼다는 것은 '지렁이 손 잡고 부산가는 일'만큼이나 쉬운 일이 아니다. 그래서 충남도의 농어업 관련 예산을 한데 쏟아놓고 제대로 된 가르마를 타는 것부터 익숙해져야 한다. 그런 다음에 우리가 세운 전략적 방향에 부합하도록 다시 정렬하고, 시·군의 특성에 부합한 예산을 수립할 수 있도록 방도를 내야 한다. 물론 여기에는 도의회와의 대승적인 협력과 논의가 전제되어야 한다. 이것이 곧 농어민과 시·군 지역의 이해와 요구에 의한 정책 주체화이며, 3농혁신의 지향점이다.

도와 시·군의 행정 조직이 과거 중앙집권 시절처럼 일원화되어 있다면, 상하간의 소통은 물론 정책 추진도 일사천리로 이루어졌을 것이다. 그러나 과연 오늘날에도 그런 방식이 제대로 여전히 효과를 발휘할 수 있을지부터 생각해봐야 한다. 충남의 15개 시·군의 농정 여건과 특성이 제각각이어서 하나로 묶어 정책을 추진하는 것이 오히려 각각의 다양성을 해칠 수 있다. 도가 편하자고 15개 시·군이 가지고 있는 나름의 개성을 무시할 수는 없는 일이다. 그렇기 때문에 과거처럼 도가 주도해나가는 방법으로는 한계가 클 수밖에 없다. 따라서 시·군이 정책을 주도하고, 도는 정책이 성공될 수 있도록 광역 단위의 여러 주체와 힘을 연결해주는 복덕방(플랫폼) 역할을 해야 한다. 이를 위해서는 행정 조직의 일원화 문제보다는 행정 조직의 다양성을 더 중시해야 하며, 실질적 사업 주체인 시·군 중심으로 사업 추진 방식을 지속적으로 정비해나가야 한다.

지금까지 우리 모두가 행복해지기 위한 3농혁신과 앞으로 만들어가야 할 조직, 제도, 예산이라는 큰 틀의 방향에 관해 이야기하였다. 이것은 하나의 제안에 불과하다. 모든 것은 우리의 건강한 논의 구조 속에서 보다 현실적이며 세련되게 다듬어질 것으로 믿는다. 지금까지 그러했듯이 우리는 언제나 부족하면 부족한 대로 나머지를 채우는 자세로 노력할 것이다.

3농혁신은 대한민국의 미래를 위해 던지는 담론이며, 따뜻한 공생의 패러다임이다. 또한, 최근 세기를 주도하고 있는 융복합의 철학을 바탕으로 하고 있다. 무엇보다 3농혁신은 생산자와 소비자가, 도시와 농촌이, 도와 시·군이, 민과 관이, 중앙과 지방이 서로 부족한 틈을 채우려는 역할을 다할 때 진정 실현될 수 있다. 충청남도가 바뀌면 대한민국이 바뀔 수 있다는 신념과 열정이 그 어느 때보다 필요하다. 한 사람이 꾸는 꿈은 꿈에 불과하지만, 만인이 꾸는 꿈은 현실이 된다.

"3농혁신!"은 잘나가는 글로벌 코리아, 그러나 한쪽 다리가 짧은 의자처럼 내내 불안하고 불편한 모습으로 서 있는 대한민국에 외치는 함성이다.

| 참고문헌 |

김정택 외, 〈산림생물다양성의 경제적 가치 평가〉, 《농업생명과학연구》 46(4), pp. 31-39, 2012. 12.

김호·허승욱, 〈농업개방 확대에 따른 갈등 극복을 위한 농정분야 거버넌스 구현방 안 연구〉, 대통령자문 정책기획위원회, 2004. 12.

노만수 엮음, 《이 개만도 못한 버러지들아》, 앨피, 2013.

데이비드 몽고메리, 《흙:문명이 앗아간 지구의 살갗》, 삼천리, 2010.

신용광 외, 〈농업 유산자원의 경제적 가치평가〉, 《농업경영·정책연구》 39(4), pp. 710-725, 2012. 12.

유진채 외, 〈유기농업의 공익기능에 대한 경제적 가치 평가〉, 《한국유기농업학회 지》 18(2), pp. 291-313, 2010. 9.

이지은·허승욱, 〈환경자원의 경제적 가치평가에 관한 연구〉, 《한국유기농업학회 지》 11(1), pp. 40-54, 2003. 12.

충남발전연구원, 〈직불금제도의 개선방안〉, 2014.

한겨레, 2014. 3. 24

허승욱, 〈NTCs의 논의과정 및 동향〉, 《협동문화경제연구》, 2003. 9.

허승욱, 〈농업의 비교적적 관심사항(NTC)에 대한 논의동향과 그 시사점〉, 《한국 국제농업개발학회》, 2002. 6.

허승욱·장원석, 〈WTO 농산물협상의 파급효과 분석〉, 《한국국제농업개발학회지》 13(1), 2001.

현병근 외, 〈밭농사의 여름철 기후순화기능에 대한 경제적 가치 평가〉, 《한국토양 비료학회지》 36(6), pp. 423-428, 2013. 12.